EL PRECIO
DEL MINISTERIO

Los procesos son fuertes,
pero los resultados gloriosos

MANUEL SILIE MINISTRIES

MANUEL SILIE
MINISTRIES

Silver Spring, MD.
USA

Publicado por
MANUEL SILIE

Derechos Reservados
© 2015 MANUEL SILIE

Primera Edición 2015

Por MANUEL SILIE

Título publicado originalmente en español:
EL PRECIO DEL MINISTERIO

Citas Bíblicas tomadas de la Santa Biblia, Versión Reina-Valera de 1960. © Sociedades Bíblicas Unidas.

Clasificación: Religioso
ISBN - 978-1-4951-7105-5

Para pedidos o Invitaciones, comuníquese con:
Manuel Silie:
Teléfono: (301) 237-7298
Email: manuelsilie77@hotmail.com

Producido en USA por:
www.holyspiritpub.net
Tel. 214-881-1367

CONTENIDO

DEDICACIÓN

Dedico este libro a mi Amado Salvador Jesucristo, por ayudarme a pasar en victoria todos los procesos de mi vida. Sin Él no sería lo que soy, ni estaría donde estoy, ya que siempre me ha guardado, bendecido, prosperado y ha entregado en mis manos un gran tesoro, el ministerio.

También quiero agradecer a mi amada esposa Laura Silie, por estar junto a mí en las buenas y en las malas. Puedo decir de ella que es una gran mujer de Dios, buena esposa, madre, consejera, amiga y hemos sido felices todos estos años de casados.

A mis tres princesas Katie, Mailen y Stephanie, por ser de motivación a mi vida para seguir luchando. Son unas niñas obedientes, respetuosas y sometidas a Dios, las cuales han nacido en el evangelio y criadas en el temor de Dios.

A mi Mamá Dignora Amparo que está en la presencia de Dios y fue de gran bendición a mi vida y ministerio. Con ella tuve el privilegio de viajar a diferentes países y era incansable, siempre alegre, ganadora de almas, mujer de oración y luchó para traerme a Estados Unidos con mis hermanos.

A mis familiares que viven en Estados Unidos, Puerto Rico, República Dominicana, México y Europa.

A mis Pastores Carlos y Miguelina Rodríguez, y a la amada iglesia Pentecostal Una Luz En El Desierto, en la cual persevero hasta el día de hoy. A todos los pastores, evangelistas y miembros en general que me han apoyado durante todos estos años, en todas las áreas.

PRÓLOGO

El mundo es testigo de lo que nuestro Dios está haciendo en estos últimos tiempos, podemos ver el surgimiento de grandes ministerios, hombres con un llamado auténtico como el evangelista Manuel Silie.

Desde que lo conocí pude ver un gran Ministerio y Dios ha cumplido cada una de sus palabras, llevándolo de Gloria en Gloria, realizando diferentes campañas y masivas cruzadas en los diferentes países de Latinoamérica, siempre con su lema: "A Dios sea la Gloria".

Hoy me regocijo en gran manera, al poder ver realizada esta obra literaria, sé que será de mucha bendición a todas las personas que lo lean, tanto para el universitario como para el que está en la High School; para el abogado, el campesino, el administrador y el pastor; para el diácono, el músico y el ujier; el evangelista, el predicador, el joven, el anciano, y a todos los que sirven en la obra del Señor.

El precio del ministerio más que un libro es un manual de enseñanza para todos aquellos que están empezando un ministerio. Aquí encontrarás todo a lo que se exponen aquellos hombres y mujeres que se atreven a creerle a Dios cuando Él nos llama para cosas grandes.

Disfrútalo, compártelo y que Dios te ayude en cada etapa que vivas durante el camino del ministerio, ya sea que vengan tornados, tempestades, desiertos, crisis, muerte, soledad, persecución, etc; recuerda que todo es parte del precio de tu ministerio.

Evangelista,

Álvaro Centeno

AGRADECIMIENTO

Agradezco a Dios por darme la vida y la inspiración para escribir este libro. A los ministros que me han apoyado estos años de ministerio, entre los cuales hay pastores, evangelistas, salmistas, misioneros y maestros. A mi esposa Laura Silie gran sierva de Dios, por todos sus consejos y apoyo. Y a mis pastores por la formación y respaldo que me han dado en el ministerio.

Este sueño que comenzó hace varios años, tengo hoy el privilegio de verlo realizado, y apenas es el comienzo de una serie de libros que deseo escribir para la edificación del pueblo de Dios y de todos aquellos que tengan la oportunidad de leerlos.

INTRODUCCIÓN

En este libro el enfoque principal es el tema, *El precio del ministerio*, pero desarrollaré algunos subtemas y tópicos de gran relevancia.

Primero, quiero definir la palabra "precio": esta palabra viene del latín "Pretium" y significa valor, pago, cantidad o calidad. El Precio que se le da a las cosas es un valor representativo tanto en cantidad como en calidad para poder formar parte del sistema de intercambio de productos y bienes de la sociedad que se conoce como compra – venta.

Segundo, quiero desglosar la palabra "ministerio" la cual viene del Latín 'ministerium', que significa "servicio". Cada cristiano(a) es llamado(a) por Jesús a servirle y participar con Él, en la misión que el Padre le ha encomendado. El Espíritu Santo le da la fuerza y los dones necesarios para desarrollar ese servicio en comunión con toda la Iglesia.

Tercero, Dios tiene un llamado especial para cada uno de nosotros.

Cuarto, tenemos que ser obedientes a ese llamado.

Quinto, los procesos de Dios son fuertes, pero los resultados exitosos.

Sexto, estudiaremos la vida de José.

Séptimo, veremos el proceso de David, las luchas, las victorias y sus exitos.

El precio que yo he tenido que pagar y las victorias que Dios me ha concedido y por último daré algunos consejos prácticos para todos aquellos que sienten un llamado de Dios.

Capítulo

1

El llamado
de Dios

Hay naciones, gobiernos, ciudades, provincias, aldeas, hogares, etc, que están atados por las tinieblas. Según **Efesios 6:12,** los únicos que tenemos autoridad para ir a libertar las naciones, ciudades, pueblos, hogares, etc, somos nosotros la iglesia verdadera de Cristo, en su nombre, como Él mismo lo dijo, **Marcos 16:17-18).**

INTRODUCCIÓN

Desde la antigüedad Dios siempre ha llamado a los seres humanos, y la Biblia está llena de ejemplos de personas que fueron llamadas y quiero enfatizar que Dios puede hacernos varios llamados, pero el primero que nos hace es a arrepentirnos de todos nuestros pecados.

En el primer libro de la Biblia, vemos a Dios llamando a Adán después que éste pecó, *(Génesis 3:9).* En **Romanos 5:12** nos dice que *"por cuanto Adán pecó, el pecado pasó a todos los hombres".* Así que *todos necesitamos arrepentirnos de nuestros pecados* primeramente. Desde Génesis hasta el Nuevo Testamento, vemos a Dios haciendo el llamado a los seres humanos, y en este primer capítulo quiero mencionar muchos de ellos que fueron llamados a servirle a Dios en diferentes áreas.

DIOS LLAMÓ A ABRAHAM

Dios llamó a Abraham y le hizo un llamado de fe. Fue tan impresionante este llamado que Dios lo probó varias veces, hasta conocerse como el padre de la fe, *(Génesis 12:1).* Y también se le llamó amigo de Dios por cuanto le obedeció, *(Santiago 2:23).*

Imagínese a Dios llamándole amigo a Abraham, también Jesús le llamó amigos a los discípulos, *(Juan 15:15).* La Biblia dice de Enoc, que caminó con Dios y Dios le llevó, *(Génesis 15:24),* que Noé halló gracia ante los ojos de Dios, *(Génesis 6:8).* Que lindo es caminar con Dios y hallar gracia ante sus ojos.

De Moisés dijo: *"No hay otro hombre más manso que él en la tierra",* **(Números 12:3).** De Gedeón dijo que era Varón esforzado y Valiente, **(Jueces 6:12).** De Job dijo que era perfecto, recto, temeroso de Dios y apartado del mal, **(Job 1:8).** De Daniel dijo que era muy amado en el cielo, **(Daniel 10:11).** De Juan el Bautista dijo: *"Entre los nacidos de mujer nunca se ha levantado otro mayor que él."*

Si Dios dio testimonio de estos hombres que llamó, ¿usted no cree que pueda dar testimonio de nosotros? Lo importante es tener una vida consagrada a Él y tener fe. Usted que está leyendo este libro, es importante tener fe, **(Mateo 17:20),** porque sin fe es imposible agradar a Dios, **(Hebreos 11:6).** En los momentos difíciles muchas veces nos falta la fe, tal fue el caso de Pedro cuando caminó sobre el agua, **(Mateo 14:28,31).**

También Abraham era un intercesor, **(Génesis 18:17-33),** ya que intercedió por Sodoma y Gomorra para que Dios no la destruyera. De igual manera recibir un llamado de intercesor(a), es un privilegio de parte de Dios y si usted tiene ese llamado, pelee la buena batalla, ya que Dios puede detener sus juicios por personas justas y que interceden de corazón por una persona o por una nación.

DIOS LLAMÓ A JACOB

Dios llamó a Jacob y le hizo un llamado de Patriarca, por lo cual él es el Padre de las 12 Tribus de Israel, **(Génesis 35:10-12).** Espiritualmente hablando, esto representa también padre espiritual. Cuando una persona ha ganado almas se convierte en padre o madre espiritual, la pregunta que yo me hago es esta, ¿por qué hay personas en el evangelio que nunca han ganado una alma para Cristo? ¿Acaso no nos mandó el Señor a hacer discípulos? Creo personalmente, que desde nuestra conversión al Señor estamos con la responsabilidad de ganar almas para Dios, *(Marcos 16:15-18)*.

Dios llamó a Moisés

Dios llamó a Moisés como libertador, *(Éxodo 3:1-10)*. En esta cita bíblica podemos ver el llamado de Moisés para libertar un pueblo que estuvo cautivo bajo el yugo del faraón en Egipto. Moisés fue usado poderosamente y libertó al pueblo de Dios de mano de faraón. Espiritualmente faraón representa al diablo y Egipto al mundo, y la Biblia dice que el mundo entero está bajo el maligno, *(1 Juan 5:19)*.

Pero también él Señor dijo que nos dió autoridad sobre toda fuerza del mal, *(Lucas 10:19)*.

Hay naciones, gobiernos, ciudades, provincias, aldeas, hogares, etc, que están atados por las tinieblas. Según *Efesios 6:12,* los únicos que tenemos autoridad para ir a libertar las naciones, ciudades, pueblos, hogares, etc, somos nosotros la iglesia verdadera de Cristo, en su nombre, como Él mismo lo dijo, *(Marcos 16:17-18)*.

Donde no entra la policía, la iglesia de Cristo tiene autoridad para entrar; en zonas rojas, países comunistas, donde están las pandillas, los narcos, sicarios, etc. He visto cristianos que cuando los llaman para liberar a una persona de un demonio, rápido llaman a otro hermano o a su pastor, y luego se cubren con la gran excusa diciendo: *"es que eso no es para todo el mundo"*, claro como tienen miedo, no se sienten preparados para hacerlo. **La verdad es que para liberar a alguien, no se necesita un título, lo que necesitamos es la unción, autoridad y tener una vida sometida a Dios.**

No quiero que nadie me mal interprete por lo que acabé de decir, los títulos y credenciales son de gran bendición, y de hecho yo tengo las mías y estoy estudiando en la universidad también, pero es muy importante estar llenos de Dios para hacer liberaciones.

DIOS LLAMÓ A JOSUÉ

Dios llamó a Josué y le hizo un llamado de conquistador ,*(Josué 1:2-9)*. Vemos a Dios dándole instrucciones a Josué para que se esforzara y fuera muy valiente, y que Él lo acompañaría donde quiera que fuera y como sabemos, Josué agarró el reto y peleó contra sus enemigos fuertemente hasta vencerlos y repartió el territorio a las 12 tribus de Israel, *(Josué 24:1-1)*.

De igual manera Dios nos ha llamado a nosotros como conquistadores, lo único que tenemos que hacer, es lo que hizo Josué, esforzarnos y ser muy valientes. Las batallas en los tiempos de antes eran de cuerpo a cuerpo, pero en estos tiempos son espirituales. Tenemos que trabajar con estrategias, planes o metas, para conquistar las naciones, ciudades, pueblos, barrios y aldeas, donde Dios nos ha establecido y de esa manera veremos su Gloria.

DIOS LLAMÓ A DÉBORA

Dios llamó a Débora y le entregó el cargo de jueza y era profetiza también, *(Jueces 4:4-5)*. Dice la Biblia que Débora juzgaba al pueblo, y una de las definiciones que se le da a ese cargo es, hacer justicia.

Débora era una mujer valiente, sin miedo y decidida a poner el nombre de Dios en alto. Cuando Dios la usó para profetizarle a Barac, este tuvo miedo y le dijo a ella, que si ella lo acompañaba, él iría a la guerra, pero si ella no iba, él tampoco iría a la guerra, *(Jueces 4:6-9)*.

En primer lugar, vemos a Dios usando a una mujer poderosamente. Para los que no creen en el llamado de las mujeres, quiero decirle que Dios si llama y usa a las mujeres.

Los únicos que tenemos autoridad para ir a libertar las naciones, ciudades, pueblos, hogares, etc, somos nosotros la iglesia verdadera de Cristo.

Segundo, cuando dice que ella juzgaba al pueblo, eso representa que Dios nos ha llamado a nosotros también a hacer justicia, no a hacer aquel papel de condenar a las personas y mandarla al infierno, como he visto en tantos casos y he aprendido algo, que aquellos que siempre están condenando, son los que más están cometiendo pecado a escondidas, y los que muchos condenan a otros, es porque ellos están peores. El pecador juzga según su condición; como él es pecador cree que todos son pecadores. El que tiene una mente corrupta cree que todos son corruptos, pero el que tiene una mente limpia no condena a su prójimo, *(Mateo 7:5)*. Y tercero, cuando Dios llama a los hombres y los hombres tienen miedo, entonces Dios tiene que llamar a las mujeres. En lo personal he visto a mujeres ser usadas por Dios, más que muchos hombres, y delante de Dios vale tanto el hombre, como la mujer, *(Romanos 2:11)*.

Hay muchas denominaciones que no creen que una mujer pueda pastorear, y si leemos la Biblia, encontramos que Rebeca era una pastora desde antes de ser tomada como esposa por Isaac, *(Génesis 29:9)*. En lo personal he visto a varias pastoras con ministerios muy fuertes y ser muy usadas más que muchos hombres.

DIOS LLAMÓ A SAMUEL

Dios llamó a Samuel y le entregó el ministerio de sacerdote, *(1 Samuel 3)*. Como Sacerdote fue bien respetado y ni una de sus palabras cayó en tierra, *(1 Samuel 3:19)*. Tenía un testimonio intachable, el pueblo no podía acusarlo de nada. Era obediente a la voz de Dios y ungió a varios Reyes. ¿Qué representa esto? que nosotros como ministros ordenados, podemos ungir a otro ministros, si Dios nos ordena hacerlo. La Biblia dice que Él nos hizo sacerdotes para Dios, *(Apocalipsis 1:6)*.

Ahora bien, como sacerdotes tenemos que vivir una vida consagrada a Dios, de buen testimonio y especialmente nosotros los que estamos casados y tenemos hijos, Dios nos ha puesto como sacerdotes y nos ha dado autoridad sobre nuestro hogar y le daremos cuentas a Dios en aquel día por nuestra familia.

DIOS ESCOGIÓ A SAÚL

Dios escogió a Saúl como Rey de Israel, *(1 Samuel 10:1-27)*. Podemos ver que el Rey de Israel era Dios, pero ellos quisieron uno de carne y hueso y Dios escogió a Saúl en su voluntad permisiva. Recordemos que Dios tiene dos tipos de voluntades. La primera es la voluntad permisiva, donde Él nos permite muchas cosas, pero no está de acuerdo, y la segunda es su voluntad perfecta donde Él está totalmente de acuerdo. Saúl como Rey era el más alto de todo el pueblo y Dios sabía que él podía guiar al pueblo, pero el problema de Saúl era la desobediencia y eso desagradó a Dios, de tal manera que Él lo tuvo que desechar.

La Biblia como ya lo mencioné anteriormente, nos dice que somos reyes y Dios nos ha puesto para ejercer un reinado espiritual aquí en esta tierra, siempre y cuando estemos sujetos al Rey de reyes y Señor de señores. Hoy día vemos muchos ministerios que abortan y la razón es porque no quieren someterse.

Nadie puede ejercer autoridad, si no está sujeto a una autoridad. Saúl cometió menos errores que David, pero la gran diferencia era que David sabía humillarse y Saúl no.

A Diario vemos evangelistas, adoradores o personas con un llamado y no tienen un pastor, ni se congregan y si lo tienen no se quieren someter. La soberbia está terminando con muchos hombres y mujeres de Dios, y lo peor es cuando no lo queremos reconocer en nuestras vidas, tal como dijo alguien: *"La soberbia es similar al mal aliento, todos saben que lo tenemos, menos nosotros mismos".*

Dios llamó a Eliseo

Dios llamó a Eliseo como profeta, *(1 Reyes 19:19-21).* Es impresionante ver que Dios a las personas que llamó, siempre estaban ocupadas haciendo algo, eso deja mucho que decir y es que sí alguien anhela que Dios lo use, debe estar ocupado(a) en la obra de Dios. El ministerio profético es el más perseguido y atacado, ya que cuando alguien posee ese ministerio, Dios lo usa para dar la palabra profética, sea que la reciban o no. En los tiempos de Elías y Eliseo había muchos falsos profetas al igual que hoy, pero Dios siempre levanta verdaderos profetas y profetisas para bendecir su pueblo. He visto congregaciones ser destruidas por una falsa profecía, matrimonios desbaratarse por un falso profeta y ministerios derrumbarse por personas que usan el nombre de Dios en vano, *ese ministerio es tan delicado que la persona que lo posee, puede matar o dar vida, destruir o edificar, derribar o levantar.*

Cuando profeticemos diciendo: "así dice el Señor", tenemos que estar completamente seguros que es Dios el que está hablando por nuestra boca, porque si no, corremos el riesgo de caer con un espíritu de adivinación, encantamiento o entrar en sospecha. Que Dios nos ayude, porque si Él nos ha hecho el llamado como profetas, debemos tener en claro que esto no es un negocio. Es increíble ver personas dando profecías por dinero y mientras más dinero le dan al profeta, mejor es la profecía. A eso se le llama profecía por conveniencia. Dios nos libre de caer en eso.

La Biblia que somos reyes y Dios nos ha puesto para ejercer un reinado espiritual aquí en esta tierra, siempre y cuando estemos sujetos al Rey de reyes y Señor de señores.

Sea que nos bendigan o no, debemos dar la Palabra que viene de Dios y en muchos casos Dios trae Palabra muy fuerte, como fue el caso del profeta Isaías, *(2 Reyes 20)*. También entiendo que siempre que alguien consultaba un profeta de Dios, siempre le llevaba un presente o una bendición, y no podía llegar con las manos vacías, *(1 Samuel 9:5-9, 2 Reyes 5:9-16)*.

JESÚS LLAMÓ A LEVÍ

Jesús llamó a Leví como discípulo, el cual era el mismo Mateo, *(San Marcos 2:14)*. Dice la Biblia que Jesús sólo le dijo sígueme y dejándolo todo le siguió, este hombre era un recaudador de impuestos, lo que hoy conocemos en Estados Unidos como el IRS. Pienso que cuando Jesús lo llamó, este hombre le dijo a sus compañeros: *"díganle al jefe que ya no regreso a este trabajo, tengo algo mejor que hacer ahora".*

Que lindo cuando uno puede escuchar la voz de Dios y seguirle, inmediatamente este hombre se convirtió en discípulo del Señor. Hay una gran diferencia entre ser cristianos discípulos y cristianos pasivos regulares:

• El discípulo está comprometido, el pasivo le huye a los compromisos.

• El discípulo es responsable en todo, el pasivo le vale o le da lo mismo todas las cosas.

• El discípulo oye y obedece, el pasivo no le gusta escuchar a nadie y es terco.

• El discípulo es dadivoso y diezma, el pasivo es tacaño y no le gusta diezmar. Así qué es mejor ser discípulos porque Jesús nos llamó a hacer discípulos.

JESÚS LLAMÓ A SAULO

Jesús llamó por medio del Espíritu Santo a Saulo como misionero, lo cual es apóstol, *(Hechos 13:2)*. La palabra apóstol quiere decir 'enviado', por lo cual Saulo vino a ser el apóstol Pablo.

Saulo era un defensor acérrimo del Judaísmo, cuya religión profesaba y que por ignorancia perseguía y mataba a los cristianos. Ese ha sido y es el gran problema de hoy en día, con personas religiosas que persiguen y matan a los verdaderos cristianos, simplemente porque no creemos igual que ellos.

Esto sucede a diario en algunos países musulmanes, en África, Asia y en más lugares. Allí matan tantos cristianos y muchas veces en el nombre de su dios o su religión.

La ignorancia es una de las armas más potente que el enemigo usa, para destruir pueblos, naciones y continentes enteros, (Oseas 4:6).

Este hombre tuvo un verdadero encuentro con el verdadero Dios, ya que iba rumbo a Damasco a perseguir la iglesia, y Jesús llegó a su encuentro con un resplandor de luz que lo arrojó al suelo y lo dejó ciego. Muchos dicen que lo tumbó del caballo, la Biblia no dice que iba en un caballo, pero si dice que cayó al suelo y escuchó la voz de Jesús que le dijo: *"Saulo, Saulo, ¿por qué me persigues? El respondiendo dijo: "¿Quién eres Señor y qué quieres que yo haga?"* El Señor le dio las instrucciones y se convirtió en el ápostol de los gentiles y en un gran misionero y escritor.

Gloria a Dios por todos estos hombres y mujeres de Dios que usó en diferentes llamados, de igual manera Dios nos está llamando a nosotros para algo poderoso en esta tierra. Amén.

MANUEL SILIE

Capítulo
2

Obediencia al
llamado de Dios

¿Cuáles eran los pecados que sucedían en el tiempo de Noé? Era tan grave la situación, que el mismo Dios se arrepintió de haber creado hombres sobre la faz de la tierra y le dolió en su corazón, de tal manera que los designios de ellos era solamente de continuo al mal, **(Génesis 6:1-7).**

INTRODUCCIÓN DE LA OBEDIENCIA

E l término obediencia *(con origen en el latín obediencia)*, está relacionado con el acto de obedecer *(es decir, de respetar, acatar y cumplir la voluntad de la autoridad o de quien manda o establece la Ley)*. Desde el principio de la humanidad uno de los primeros mandatos de Dios, ha sido la obediencia, *(Génesis 2:16-17)*. Era tan sencillo lo que Dios le pidió a Adán, y lo único que le pidió fue que no comieran del árbol de la ciencia del bien y del mal.

¿Por qué el hombre no pudo obedecer a algo tan sencillo? Luego que desobedeció lo vemos buscando un culpable, es lo mismo que sucede en estos tiempos cuando desobedecemos, en seguida buscamos un culpable y la verdad es que los únicos culpables somos nosotros mismos.

La Biblia tiene muchos ejemplos de personas que obedecieron y Dios los bendijo grandemente, y de personas que desobedecieron y fracasaron, aunque en este capítulo que continúa quiero enfocarme en un personaje que fue obediente y pudo ver la Gloria de Dios.

BENDICIONES DE LA OBEDIENCIA

Df 28:1-14

Quiero mencionar las bendiciones de la obediencia, *"Acontecerá que si oyeres atentamente la voz de Jehová tu Dios, para guardar y poner por obra todos sus mandamientos que yo te prescribo hoy, también Jehová tu Dios te exaltará sobre todas las naciones de la tierra. Y vendrán sobre ti todas estas bendiciones, y te alcanzarán, si oyeres la voz de Jehová tu Dios. Bendito serás tú en la ciudad, y bendito tú en el campo. Bendito el fruto de tu vientre, el fruto de tu tierra, el fruto de tus bestias, la cría de tus vacas y los rebaños de tus ovejas.*

Benditas serán tu canasta y tu artesa de amasar. Bendito serás en tu entrar, y bendito en tu salir. Jehová derrotará a tus enemigos que se levantaren contra ti; por un camino saldrán contra ti, y por siete caminos huirán de delante de ti.

Jehová te enviará su bendición sobre tus graneros, y sobre todo aquello en que pusieres tu mano; y te bendecirá en la tierra que Jehová tu Dios te da. Te confirmará Jehová por pueblo santo suyo, como te lo ha jurado, cuando guardares los mandamientos de Jehová tu Dios, y anduvieres en sus caminos. Y verán todos los pueblos de la tierra que el nombre de Jehová es invocado sobre ti, y te temerán. Y te hará Jehová sobreabundar en bienes, en el fruto de tu vientre, en el fruto de tu bestia, y en el fruto de tu tierra, en el país que Jehová juró a tus padres que te había de dar. Te abrirá Jehová su buen tesoro, el cielo, para enviar la lluvia a tu tierra en su tiempo, y para bendecir toda obra de tus manos. Y prestarás a muchas naciones, y tú no pedirás prestado. Te pondrá Jehová por cabeza, y no por cola; y estarás encima solamente, y no estarás debajo, si obedecieres los mandamientos de Jehová tu Dios, que yo te ordeno hoy, para que los guardes y cumplas, y si no te apartares de todas las palabras que yo te mando hoy, ni a diestra ni a siniestra". (Deuteronomio 28:1-14).

Noé obedeció al llamado

Noé fue un hombre obediente al llamado de Dios cuando escuchó las instrucciones para construir un arca y lo más importante, que no cuestionó a Dios, sino que inmediatamente creyó y empezó a trabajar, *(Génesis 6:9-22)*. Me impresiona tanto la obediencia de este hombre de Dios, que todo lo que Él le indicaba, lo hacía.

El propósito de Dios era salvar a todos los que quisieran entrar en el arca, sin embargo los animales fueron más inteligentes que muchos seres humanos, *(Mateo 24:37-39)*.

Desde el principio de la humanidad uno de los primeros mandatos de Dios, ha sido la obediencia, (Génesis 2:16-17).

Es lo mismo hoy en día, el arca representa el cielo y la puerta a Jesús y muchos seres humanos no quieren a Jesús, o sea, quieren llegar al cielo por otros medios, pero la Biblia dice que nadie puede ir al Padre, si no es por medio de Jesús, *(Juan 14:6)*. Así que sí usted no le ha dado su vida a Jesús, hoy es la oportunidad, y si ya tiene a Jesús en su corazón, goce de su presencia.

Pecados en el tiempo de Noé

¿Cuáles eran los pecados que sucedían en el tiempo de Noé? Era tan grave la situación, que el mismo Dios se arrepintió de haber creado hombres sobre la faz de la tierra y le dolió en su corazón, de tal manera que los designios de ellos era solamente de continuo al mal, *(Génesis 6:1-7)*. Dice que también los hijos de Dios comenzaron a casarse con las hijas de los hombres, aunque esto tiene varias interpretaciones, una de las que le puedo dar, es que no se puede unir en yugo desigual, cristianos o cristianas que se están casando con personas mundanas hoy en día, en lo personal creo que esto no agrada a Dios.

También la glotonería era uno de los pecados que se había apoderado de muchos moradores de la tierra, dice que estaban comiendo y bebiendo, *(Mateo 24:38)*. Era algo incontrolable, al igual que en estos días.

Es increíble que el primer pecado se efectuó por causa de la comida, *(Génesis 3:6-7)*.

Lo he podido ver con mis ojos, personas que parecen no saciarse y no es que no comamos o bebamos, sino que debemos tener un control en nuestra vida, ya que como dice el dicho que todo en exceso es malo. También la Biblia dice que tenemos que cuidar el cuerpo, porque es templo y morada del Espíritu Santo, *"debemos aprender a comer para vivir y no vivir para comer".*

Capítulo
3

El proceso
de Job

Vemos a un hombre que Dios mismo dio testimonio de él, diciendo que era perfecto, aunque el término de perfección usado en este libro no se refiere a que no carecía de errores, sino que era recto, temeroso de Dios y apartado del mal, a esto Dios le llama perfección.

INTRODUCCIÓN DE 'PROCESO'

¿Qué significa 'proceso'? La palabra proceso es un sustantivo masculino que se refiere de un modo general a la acción de ir hacia adelante. Proviene del latín 'processus', que significa avance, marcha, progreso, desarrollo. También proceso es un conjunto o encadenamiento de fenómenos, asociados al ser humano o a la naturaleza, que se desarrollan en un periodo de tiempo finito y cuyas fases sucesivas suelen conducir hacia un fin específico.

EL PROCESO DEL ORO

El oro para llegar a ser oro fino y de buen quilate, tiene que pasar un proceso. Mayormente los mineros tienen que cavar la tierra y extraer el oro mezclado con el lodo, luego lavan esa tierra y el oro queda debajo, después lo ponen al fuego varias veces para quitar todas las impurezas hasta convertirse en un buen oro. Luego lo comprimen para hacer lingotes, esculturas, altares, prendas y muchas cosas más, pero ¿se dio cuenta usted que para ser útil tuvo que pasar por un proceso? De igual manera nosotros tenemos que ser procesados para ser buenos cristianos, de buen quilate. Principalmente los que tenemos ministerios el proceso será más fuerte.

DIOS TIENE UN PROCESO CON JOB

Este gran hombre de Dios me impacta cada vez que leo su historia, la escucho y pienso, ya que es un gran ejemplo de superación para todos los que estamos siendo procesados por Dios. Según los expertos, analistas y teólogos, coinciden en lo mismo acerca de este libro, y es que se considera uno de lo más antiguos.

Se cree que Job era contemporáneo de los tiempos de Abraham. De hecho si analizamos bien ese libro, podemos darnos cuenta que él no conocía la existencia de Satanás, ya que todo se lo atribuía a Dios. La pregunta que yo le hago a usted es esta, ¿Cree que fue Dios el que le quitó todo a Job y lo atacó con esa sarna maligna? Por supuesto que no. El único autor intelectual de ese ataque fue Satanás, con permiso de Dios claro. Pareciera irónico saber que todo el caos de Job, fue solamente para que atravesara un proceso y Dios bendecirlo más. Por eso nunca debemos decirle a Dios que nos quite la prueba, sino que nos de fuerzas para pasarla.

He aprendido que mientras más fuerte sea el ataque, más poderosa es la victoria, y que cuando es terrible la prueba, más grande es la bendición. Aunque se levante el enemigo como río, Jehová levantará bandera de victoria a nuestro favor.

Temor, Riqueza, y sacrificio de Job

"Hubo en tierra de Uz un varón llamado Job; y era este hombre perfecto y recto, temeroso de Dios y apartado del mal. Su hacienda era siete mil ovejas, tres mil camellos, quinientas yuntas de bueyes, quinientas asnas, y muchísimos criados; y era aquel varón más grande que todos los orientales. E iban sus hijos y hacían banquetes en sus casas, cada uno en su día; y enviaban a llamar a sus tres hermanas para

que comiesen y bebiesen con ellos. Y acontecía que habiendo pasado en turno los días del convite, Job enviaba y los santificaba, y se levantaba de mañana y ofrecía holocaustos conforme al número de todos ellos. Porque decía Job: Quizá habrán pecado mis hijos, y habrán blasfemado contra Dios en sus corazones. De esta manera hacía todos los días", (Job 1:1, 3-5).

Vemos a un hombre que Dios mismo dio testimonio de él, diciendo que era perfecto, aunque el término de perfección usado en este libro no se refiere a que no carecía de errores, sino que era recto, temeroso de Dios y apartado del mal, a esto Dios le llama perfección.

Nosotros tenemos que ser procesados para ser buenos cristianos, de buen quilate. Principalmente los que tenemos ministerios el proceso será más fuerte.

Lastimosamente vemos muchas personas hoy en día practicando el pecado y lo primero que dicen es que no son perfectos, desconociendo lo que el mismo Señor dijo en **Mateo 5:48.** Creo que podemos vivir una vida consagrada a Dios, apartados del pecado y en santidad, dejarnos de niñerías, de que somos débiles y decir lo que dijo el apóstol Pablo: *"Todo lo puedo en Cristo que me fortalece",* *(Filipenses 4:13).*

Job no le servía a Dios por lo que él le daba o tenía, sino por lo que Dios era para él, o sea, le servía por amor. Job era un hombre millonario en su tiempo y las riquezas no le era un obstáculo para servirle a Dios. Por eso creo fielmente que el dinero o las riquezas no son pecado, sino el poner el corazón en ellos, *(1 Timoteo 6-10).*

Usted y yo podemos ser bendecidos económicamente, pero que eso no se convierta en nuestra prioridad, ya que la Biblia dice que el primer mandamiento que tenemos es amar a Dios, con toda nuestra alma, cuerpo y espíritu. En muchas naciones hay tantas personas materialistas que su dios llamado dinero (mamón), no los deja congregarse y ven a las demás personas con desprecio. Este hombre de Dios hacía sacrificios por sus hijos por sí acaso ellos habían pecado. Esto nos muestra un padre de familia que velaba por el bienestar de sus hijos. De igual manera los que somos padres, debemos orar siempre por nuestros hijos, para que sean servidores de Dios siempre, y si usted tiene hijos que no le sirven a Dios o descarriados, no desmaye hasta verlos convertidos un día. Posiblemente estén en las pandillas, drogas, vicios, sexo ilícitos, o simplemente retenidos en casa, no le declare palabras negativas, sino al contrario, dígale que son siervos de Dios y que le queda poco tiempo en el mundo secular. Oremos, ayunemos, y démosle ejemplo y ellos querrán ser como nosotros.

DIOS PERMITIÓ ZARANDEAR A JOB

En *Job 1:6-12* nos habla claramente lo que dice el Señor en *Apocalipsis 12:10,* que Satanás acusa a los escogidos de Dios y en otro caso, nos dice que le tuvo que pedir permiso a Dios para zarandear a Pedro.

El **Salmo 34:7**, nos enseña que, *"El ángel de Jehová, acampa alrededor de los que le temen y los defiende".* Todos los que le servimos a Dios tenemos una protección divina, y el enemigo no nos puede tocar, al menos que Dios se lo permita.

Es como el que compra una propiedad, la cerca y le pone un letrero que dice "propiedad privada". Si alguien entra sin permiso, lo pueden matar o meterlo preso. Es lo mismo espiritualmente hablando, el enemigo no puede violar los códigos de restricción que Dios le ha puesto, ya que se metería en graves problemas. Me llama la atención que el enemigo recorre la tierra para ver como estamos, y entendiendo que no puede estar en dos lugares a la misma vez, ya que no es omnipresente, obta por presentarse ante Dios.

Es irónico pensar cómo Dios le dio permiso a Satanás para atacar a Job de una manera tan despiadada; y pienso que hubo varias razones:

• Dios quería demostrarle a Satanás quien era Job.

• Dios quería probar la fe de Job y prosperarlo aún más.

• Que la vida de Job fuera un ejemplo para millones de personas que pasan necesidades.

JOB GLORIFICÓ A DIOS

En **Job 1:13-22** Nos dice como empezaron los ataques en contra de Job ¿Qué haríamos nosotros en esta situación? A la verdad que no es lo mismo leerlo, que vivirlo. El enemigo tal vez pensó que Job se iba a volver loco en esa situación, por el contrario, terminó glorificando a Dios. Ahí se cumple la Palabra de Dios, cuando dice que debemos darle gracias a Dios por todo, *(Efesios 5:20)*. No importa que sea la pérdida de un familiar, la pérdida de un negocio, de un trabajo, de un ministerio, de una congregación, que nos quiten el cónyuge o cualquier otra situación. Dios conoce lo mejor para nosotros y debemos glorificarle en todo momento. Muchas personas en estas situaciones, lo primero que piensan es en el suicidio, el manicomio o el sicólogo y mi recomendación es que nos refugiemos en Dios, como dijo Pedro, *"¿y a quién iremos si sólo en ti, hay palabras de vida eterna?". (Juan 6:68).*

JOB REPRENDE A SU ESPOSA

"Entonces salió Satanás de la presencia de Jehová, e hirió a Job con una sarna maligna desde la planta del pie hasta la coronilla de la cabeza. Y tomaba Job un tiesto para rascarse con él, y estaba sentado en medio de ceniza. Entonces le dijo su mujer: ¿Aún retienes tu integridad? Maldice a Dios, y muérete. Y él le dijo: Como suele hablar cualquiera de las mujeres fatuas, has hablado. ¿Qué? ¿Recibiremos de Dios el bien, y el mal no lo recibiremos? En todo esto no pecó Job con sus labios", (Job 2:7-10).

Como Satanás vio que Job siguió adorando a Dios, volvió a subir al cielo a pedirle a Dios que le dejara tocar su vida y Dios le dio permiso, pero que no le quitara la vida. Entonces lo enfermó con una sarna maligna y el pobre Job se rascaba con un tiesto.

Note esto, Dios le dio permiso a Satanás de quitarle todo menos la vida y así mismo fue. Le quitó todo menos la vida y su mujer. Luego lo enfermó. Yo me pregunto, ¿Por qué Satanás le dejó viva a la mujer, si Dios le dio permiso de quitarle todo? y Dios me ministró está palabra: "¿Te acuerdas de Eva en el Edén?" Y yo dije, "sí", "¿Te acuerdas de la mujer de Lot?" "Sí", "ahí está la clave".

Uno de los propósitos principales de Satanás era romper esa relación que Job tenía con Dios, y como Job sacrificaba animales todos los días, le quemó todos los animales, para que no pudiera sacrificar.

Dios conoce lo mejor para nosotros y debemos glorificarle en todo momento.

Entonces Satanás sabía que podía usar a la mujer para que Job maldijera a Dios por su calamidad, pero se llevó una gran sorpresa cuando la mujer le dijo: *"Maldice a tu Dios y muérete"*, Job la reprendió inmediatamente.

Es decir, Satanás pensó que esta mujer podía convencer a Job, como lo hizo Eva con Adán y al ver que ella había perdido todo, se desilusionaría, como la mujer de Lot. Hay personas que no se resignan a perder lo material y eso va y viene. Lo que hoy tienen, mañana lo pueden perder, lo importante es no perder la confianza en Dios, ni la salvación de nuestra alma.

Quiero que entendamos algo, y es que hay muchísimas personas que se jactan en decir que Satanás no tiene poder y claro la Biblia dice que Jesús lo venció en la cruz del calvario.

Pero no podemos ignorar sus maquinaciones, y el mismo arcángel Miguel cuando luchó con él, por el cuerpo de Moisés, no se atrevió a proferir juicio contra él, si no que dijo: *"el Señor te reprenda"*, **(Judas 1:9).**

Conocí a dos hermanos, que cuando estaban bien con Dios, empezaban a desafiar a Satanás y a decirle que lo tenían debajo de sus pies. A los dos los aconsejé y les dije lo mismo, que aunque Satanás era un querubín caído, tenía poder.

Lo tremendo fue que a los días, era el enemigo quien los tenía debajo de sus pies a ellos. No es que le tengamos miedo al enemigo, sino que hay que reconocer que mientras estemos en esta tierra, él nos hará la guerra y tenemos que estar listos todos los días espiritualmente hablando, para guerrear contra él.

LOS TRES AMIGOS DE JOB

(JOB 2:11-13). Las intenciones de los amigos de Job eran buenas y la compasión verdadera. Vinieron a estar con él en el momento más difícil, cuando él más lo necesitaba. Que bueno es tener amistades de buen corazón que estén con uno en las buenas y en las malas, no importando nuestra situación.

Notemos algo, Satanás no pudo hacer que Job blasfemara contra Dios en el primer ataque, ni tampoco en el segundo usando la mujer, el último recurso que le quedaba eran los tres amigos de Job, y lamentablemente el enemigo comenzó a usarlos para tratar de convencer a Job.

Pensaron que estaba en pecado, que le había fallado a Dios, que ocultaba algo y lo mandaron a que se arrepintiera. Que difícil es estar atravesando un proceso, y tener personas alrededor que no entienden lo que Dios está haciendo y en vez de darnos palabras de ánimo, lo único que hacen es acusarnos y condenarnos.

El siervo Job, lo único que hacía era defender su integridad y sabía que Dios lo levantaría de esa situación. Debemos confiar en que Dios nos levantará con más fuerzas después del proceso que estamos pasando. Por ejemplo en mi caso tuve un accidente en mi pie derecho, hubo personas que me condenaron diciendo que eso era un castigo de Dios, sin saber ni conocer el proceso por el cual Dios me estaba llevando.

DIOS RESTAURÓ A JOB

Desde el capítulo treinta y ocho hasta el cuarenta y uno del libro de Job, Dios se le reveló en un torbellino y habló con él. Le explicó muchas cosas que él no sabía y le reveló muchísimos misterios extraordinarios que hasta para nosotros son de gran bendición. Dios quería hacerle entender a Job que el único santo, justo y perfecto era solamente Dios.

Que en esta tierra aunque nos justifiquemos ante los hombres y el mismo Dios, Él es el único que nos puede dar la victoria.

Después que Dios terminó de hablar con Job, él expresó estas palabras: *"De oídas te había oído; mas ahora mis ojos te ven", (Job 42:5)*. Desde entonces Dios decidió que hasta ahí llegarían los ataques del enemigo en contra de su siervo Job y Dios lo bendijo más que antes, al doble, porque mantuvo su integridad con Dios.

Lo que ha de determinar nuestra bendición, es nuestra integridad con Dios en medio del proceso. ¿Por qué a Dios le gustan los procesos? Él sabe que es la manera más rápida en la que podemos crecer y madurar.

En los desiertos y en los procesos es cuando más nos acercamos a Dios, aunque el deseo de Él es que siempre le busquemos de la misma manera y con más pasión.

Capítulo
4

El proceso
de José

Usted que está leyendo este libro, quiero decirle que su vida no es una casualidad, ni una dicha del destino, es un propósito de Dios y podrá quitarle lo material, hacerle la guerra, pero nunca podrán quitar el propósito de Dios en su vida.

INTRODUCCIÓN DE LA VIDA DE JOSÉ

La historia de José es una de las más brillantes de la Biblia, debido a su santidad e integridad a Dios y a su familia. De los hijos varones de Jacob, él era el hijo número once. Dice: *"Y se acordó Dios de Raquel, y la oyó Dios, y le concedió hijos. Y concibió, y dio a luz un hijo, y dijo: Dios ha quitado mi afrenta; y llamó su nombre José, diciendo: Añádame Jehová otro hijo", (Génesis 30:22-24).*

Por esa razón llegó Jacob a amar muchísimo a José, porque fue verdaderamente un milagro y Raquel era la mujer de su vida, por la cual trabajó catorce años. Imagínese la alegría tan grande, después de que su esposa era estéril, Dios se acordó de ella. Este niño era tan especial que su padre Israel lo amaba más que a todos sus hijos, porque lo había tenido en su vejez; y le hizo una túnica de diversos colores, *(Génesis 37:3).*

Era algo profético la túnica de colores, ya que los reyes y gobernadores eran los únicos que usaban este tipo de vestimenta, o sea, que el padre sin saberlo lo estaba proyectando al propósito de Dios. Como Jacob era de edad avanzada, y José tenía diecisiete años, le informaba a su padre la mala fama de sus hermanos, (Génesis 37:2). Tal vez muchas personas pueden condenar a José por su forma de ser, y decir que era chismoso, pone dedo, chivato, etc, pero la verdad es que hacía lo correcto.

Nunca podemos ser cómplices de lo malo, ni taparle el pecado a nadie. Tal como dice el dicho, que tan culpable es el que mata la vaca, como el que le amarra la pata. Hay tantos casos que se ven en muchas congregaciones y familias, de personas que cubren el pecado y se vuelven permisivas. Un día tendrá que darle cuenta a Dios, al igual que la persona que cometió el pecado. Es preferible tomar la postura de José aunque ganemos enemigos.

ABORRECIDO POR SUS HERMANOS

Y viendo sus hermanos que su padre lo amaba más que a todos ellos, le aborrecían, y no podían hablarle pacíficamente, *(Génesis 37:4).* Creo que Israel cometió un error en amar más a José que a sus otros hijos, y a nosotros los padres nos deja una gran enseñanza; no podemos tener hijos preferidos, sino amarlos a todos por igual y si le vamos a comprar algo a uno, es mejor a todos. Siempre manifestemos el mismo amor a todos por igual y de igual manera la corrección.

Cuando hay preferencias de hijos, lo único que conlleva es al odio entre ellos. Dice la Biblia que no le podían hablar pacíficamente, dando a entender que le gritaban y lo humillaban. A toda costa debemos tratar de evitar los pleitos entre nuestros hijos, y si hay conflictos entre ellos que no sea por nuestra culpa y si lo llega a haber, poderlo solucionar.

"Y soñó José un sueño, y lo contó a sus hermanos; y ellos llegaron a aborrecerle más todavía", (Génesis 37:5).

Hay sueños y experiencias que Dios nos da y son para nosotros, y en algunos casos para compartirlas con personas maduras espiritualmente. El error de

José fue que los sueños que Dios le revelaba se lo contaba a sus hermanos y ellos lo aborrecían aún más.

Doy un consejo práctico, lo que soñemos o las experiencias que Dios nos da, no se lo contemos a cualquier persona, porque no todos tienen la capacidad para entender el plan de Dios. Hay personas que todas las noches sueñan y lo cuentan, y muchos ya no les creen, por lo mismo, que todo lo cuentan.

JACOB INTERPRETÓ EL SEGUNDO SUEÑO DE JOSÉ

(Génesis 37:9-11). Los dos sueños que había tenido José, tenían el mismo significado, o sea, Dios le estaba confirmando lo que José sería en el futuro. Sus hermanos le tenían envidia aparte de aborrecerlo, ya que ellos sabían que en José había un gran potencial.

Cuantas personas nos envidian a nosotros y hasta nos desean el fracaso, simplemente porque nos sobra lo que a ellos les falta. La envidia es algo maligno y la mayoría de personas que tienen ese mal, son personas con baja estima. Por envidia se ha traicionado, asesinado, humillado y hasta se han suicidado. Es un mal que necesitamos entregarlo en las manos de Dios para que Él nos ayude.

Nunca podemos ser cómplices de lo malo, ni taparle el pecado a nadie.

49

Su padre sabía que esos sueños, venían de Dios, ya que él conocía a Dios. Interpretar sueños es un don de Dios, aunque no aparece en los nueve dones mencionado por el apóstol Pablo, sin embargo José tenía este don, al igual que su padre.

Sus hermanos planean matarlo y se burlan de él

(Génesis 37:17-20). Vemos a sus hermanos llenos de odio contra José, de tal manera que querían matarlo. Es terrible ver como este espíritu de Caín, comenzó a convencerlos de que se mancharan sus manos de sangre inocente. Hoy día hay tantos casos de hermanos que se odian, al punto de quitarse la vida entre ellos y otros se van más allá y lo logran.

Hermanos peleando por herencias, por mujeres, por ministerios, por trabajo, por dinero, etc. También comenzaron a burlarse, poniéndole sobrenombres o apodos. El nombre de José significa *"Jehová te añada",* y cada vez que mencionaban el nombre de él, lo estaban bendiciendo, por lo cual no querían mencionar su nombre. Ese espíritu de burla se mueve tan fuerte hoy en día, que hasta en la iglesia se ha metido. Si hay un hermano que es recto, lo tildan de santurrón, si es una hermana que usa vestido largos, la nombran vieja, si es un pastor que es estricto en la doctrina, le apodan Caifás.

También en lo secular se ve bastante este espíritu, principalmente en las escuelas y los trabajos, a tal grado que hay muchos casos de jóvenes que se han suicidado por lo fuerte de la presión.

José es vendido a los Ismaelitas

(Génesis 37:26-28). Rubén era el hermano mayor de todos, al cual ellos escuchaban. Él pudo librar de la muerte a José, convenciéndolos que lo echaran en una cisterna para devolverlo a su padre con vida, pero los planes cambiaron y todo era un propósito de Dios. Dice que después que lo echaron en la cisterna la cual no tenía agua, se sentaron a comer, me imagino que José comenzó a adorar a Dios y activó a Judá.

El nombre de Judá significa "alabanza", por lo cual Judá dijo: *"Hay van pasando unos mercaderes, mejor vendámoslo a los Ismaelitas por veinte monedas de plata".* Cuando nos encontramos en problemas, la mejor clave es adorar a Dios, para que se active no Judá, sino el León de la tribu de Judá (Jesús) y nos socorra. He escuchado tantos casos de padres que venden sus hijas por dinero y de personas que venden sus familiares a Satanás e incluso hasta le venden su propia alma por las tres F: fama, fortuna o falda. Creo que sería un pecado delante de Dios vender una persona o vender el alma a Satanás. José tiene mucha similitud con nuestro Señor Jesús, fue menospreciado, odiado por sus hermanos y vendido por plata, aunque quiero aclarar que ninguno de los dos fueron vendido a Satanas.

José es tentado por la esposa de Potifar

(Génesis 39:6-12). Cuando los hermanos de José llegaron donde su padre, le mintieron diciéndole que una bestia lo había devorado. Su padre sufrió muchísimo, por poco lo matan de tristeza estos hijos

ingratos. La mentira es algo tan normal en este tiempo, que la gente miente por todo y por nada, aún he conocido cristianos que mienten más que los políticos cuando están en campaña.

La Biblia dice que los mentirosos no entrarán al cielo, sea la mentira blanca o negra, mentira es mentira. Estando José en Egipto lo compró un oficial de faraón llamado Potifar, el cual lo puso como mayordomo de toda su casa y Dios estaba con José. Que lindo cuando Dios está con nosotros, donde quiera que llegamos prosperamos y aun los que están alrededor nuestro son bendecidos.

La mujer de Potifar, viendo que José era de hermoso parecer puso sus ojos en él, de tal manera que no se resistió a la tentación y estando él haciendo sus oficios en la casa, sin haber nadie más, ella se aprovechó y le dijo, *"duerme conmigo"* y él le contestó que respetaba a su amo y amaba a su Dios, por lo cual no iba a pecar.

Ella no escuchándolo y encendida en pasión, asió de él y José se zapateó corriendo, dejándole la ropa en las manos de ella. Algunas personas dirían, que cobarde José, yo digo que valiente José, para que digan que ahí cayó, mejor que digan que ahí corrió. En los veinte años que tengo de servirle a Dios, he visto tantos casos de fornicación y adulterio de forma alarmante, y lo más tremendo es que entre esos casos, había quienes decían, yo no voy a caer, yo no voy a fallarle a Dios y fueron los que más rápido cayeron. La Biblia dice: *"Mire el que este firme que no caiga y diga el débil fuerte soy"*.

Pareciera contradecirse, pero es una gran realidad, cada uno tenemos aunque sea una debilidad y debemos agarrarnos bien de Dios cada día para no fallarle. La mujer al sentirse burlada por José, lo acusó falsamente de intento de violación, por lo cual tuvo que ir a la cárcel injustamente.

JOSÉ INTERPRETA DOS SUEÑOS

(Génesis 40:12-15, 18-19). A José lo metieron en la cárcel por una vil mentira con los prisioneros del rey, pero halló gracia ante los ojos del jefe de la prisión, de tal manera que puso a José por encima de todos los presos y de nada se preocupaba, porque Dios estaba con José. El copero y panadero del rey, fueron puestos en la cárcel para castigarlos, por un disgusto que tuvo el rey con ellos. Un día ellos soñaron y estaban turbados porque no entendían la interpretación del sueño, por lo cual José les preguntó qué les pasaba y ellos le contaron los sueños y José se los interpretó.

La Biblia dice que los mentirosos no entrarán al cielo, sea la mentira blanca o negra, mentira es mentira.

Al copero le dijo que sería restituido a su posición y al panadero que lo matarían y así mismo sucedió, pero le dijo al copero que cuando estuviera delante del rey se acordará de él, pero el copero se olvidó de José. He conocido personas que tienen el don de interpretación de sueños y con exactitud Dios se lo revela. Eso es algo que a mí en lo personal me gustaría tenerlo.

De la cárcel al palacio como segundo en el reino

(Génesis 40:12-15, 18-19). El faraón había tenido dos sueños y solicitó a todos los sabios del país que vinieran para interpretarlos y nadie podía, por lo cual el copero se acordó de José y le comentó a faraón como José le había interpretado los sueños. Enseguida faraón mandó a sacar a José de la prisión, para presentarse ante él. Imagínese usted, después de haber estado varios años preso injustamente, le llegó su día donde Dios lo sacó en libertad, le quitaron el traje de preso y le pusieron uno de honra y hasta lo afeitaron.

Esto es lo que hace Dios con nuestra vida en el proceso, en el cual nos da la victoria y nos corona de favores y misericordia, nos quita el traje de miseria y nos pone uno de honra, nos quita el de pobreza y nos pone el de riquezas, nos quita el de luto y nos pone uno de fiesta y nos quita la ropa de esclavo y nos pone el traje de príncipe. Siento a Dios cuando te revelo esta palabra ¡Aleluya! ¡Gloria a Dios! El faraón le contó los dos sueños a José y él se lo interpretó de tal manera que el faraón quedó impactado. José le dio ciertas recomendaciones para salvar el país y el faraón le contestó: *"¿Acaso hallaremos a otro hombre como este, en quien esté el espíritu de Dios?"*

Lo puso sobre todo el país y dijo que por su palabra gobernaría el país, además le dio todos los atributos y honores que se le daban a un gobernador.

Eso hace Dios con los que pasamos procesos sin quejarnos y le damos gracias por todo, aunque no entendamos en el momento.

ENCUENTRO DE JOSÉ CON SUS HERMANOS

(Génesis 42:5-10). Pasaron los siete años de abundancia conforme a la palabra de José y todos los graneros de Egipto estaban llenos de alimentos, por lo cual en el segundo año de escasez, vinieron sus hermanos desde Canaán a Egipto a comprar alimentos, sin saber ellos que su hermano era el segundo en el gobierno. Cuando José los vio, los reconoció, pero ellos no le reconocieron, por lo cual les hablaba ásperamente y se acordó de los sueños que él les había relatado. José los acusó de espías y les preguntó que si tenían un padre y un hermano más, y ellos le contestaron afirmativamente diciendo que su padre vivía y tenían otro hermano.

Vemos el cumplimiento de los sueños que José tuvo cuando tenía diecisiete años, así que los sueños que hemos tenido en Dios y la palabra profética que nos ha dado, se va a cumplir, quiera o no el enemigo. Usted que está leyendo este libro, quiero decirle que su vida no es una casualidad, ni una dicha del destino, es un propósito de Dios y el enemigo podrá quitarle lo material, hacerle la guerra, pero nunca podrán quitar el propósito de Dios en su vida.

Posiblemente lo podrán atrasar o estancarlo por un tiempo, pero tarde o temprano, Dios cumplirá su propósito en usted. José les dijo que tenían que dejar a uno de sus hermanos y traer al más pequeño, pero les dijo a sus empleados que pusieran el dinero en los sacos de ellos. Era una estrategia de José para hacerlos sufrir un poco. No creo que era venganza, sino que quería manejar el asunto con mucha cautela.

José se da a conocer con sus hermanos

(Génesis 45:2-3). Al regresar sus hermanos con su padre, le contaron como los habían acusado de espías en Egipto y como retuvieron a uno de sus hermanos a cambio de llevar al menor. El padre se entristeció mucho y no quería dejar ir al menor, pero al final accedió y lo dejó ir con ellos. Cuando ellos regresaron a Egipto con el hermano menor, José mandó a preparar un banquete para ellos, pero a su hermano menor le pusieron más comida. Él no podía contener las lágrimas y ellos no entendían lo que estaba sucediendo, ya que los habían acusado de espías, les habían dejado un hermano preso y ahora están comiendo con José.

José era demasiado inteligente, ni sus empleados sabían lo que él estaba haciendo, ni aún el faraón. Después de comer con sus hermanos los despidió y ellos compraron más alimentos y devolvieron el dinero que habían encontrado en los costales, pero José les había dado órdenes a sus empleados de que pusiera todo el dinero en los costales y escondieran su copa en el costal del menor. Luego de salir ellos de regreso a Canaán y haber caminado un buen tramo, José mandó a perseguirlos y a acusarlos de ladrones por haberse llevado su copa y cuando los hebreos vieron a los egipcios, se sorprendieron y se detuvieron por la manera como llegaron ellos al encuentro.

Ellos les preguntaron: *"¿Qué sucede?"* Y los egipcios les dijeron que se habían robado la copa que José usaba para adivinar sueños. José no era un adivino, sino que era algo especial que tenía de parte de Dios.

Los hebreos les dijeron que eso no era cierto, que si querían revisaran todos los costales y se darían cuenta que eran personas honradas; la gran sorpresa fue que encontraron la copa en el costal del menor, por lo cual ellos rasgaron sus vestidos y regresaron a Egipto a hablar con José.

Los sueños que hemos tenido en Dios y las palabras proféticas que nos ha dado, se van a cumplir, quiera o no el enemigo.

Cuando los hebreos rasgaban sus vestidos era una señal de humillación y habiendo llegado José, los empezó a reprender diciéndoles por qué habían hecho eso si los había tratado bien, y Judá comenzó a interceder por Benjamín, para librarlo de la cárcel. José no aguantó más y les ordenó a todos sus súbditos que salieran, quedando él y sus hermanos solamente.

José les dijo a ellos: *"Yo soy José su hermano, el cual vosotros vendisteis a Egipto"*, *"¿Mi padre aún vive?"* Ellos no pudieron responderle ya que estaban atónitos por la sorpresa. Imagínese usted la gran alegría de ellos al saber que estando a punto de ir a prisión, ahora se daban cuenta que todo era una estrategia de José para poder darse a conocer a ellos.

José perdona a sus hermanos

(Génesis 45:5-8, 14-15). José no conteniendo las lágrimas les dijo a ellos que todo fue un plan de Dios para poder cumplir su propósito. Lo que parece mal, Dios lo convierte en bien. Según sus hermanos, haciendo esto terminarían con el odio y la rabia que tenían contra José, sin embargo Dios nunca dejó solo a José. Por eso si usted está en otro pueblo, ciudad, estado o país, Dios nunca te va a dejar, a menos que usted decida dejarlo a Él.

José los pudo perdonar aun sabiendo todo lo que ellos le habían hecho. Esa es la persona que verdaderamente tiene a Dios arraigado en el corazón, la que puede perdonar aun no importando todo el mal que nos han hecho. El perdón abre los cielos a nuestro favor y si queremos ser perdonados por Dios y los seres humanos, debemos perdonar. Para José no era nada fácil, pero lo pudo superar y si él pudo, nosotros también podemos; si Jesús pudo perdonar a sus detractores, nosotros también podemos perdonar a las personas que nos han herido en el pasado.

Sus hermanos lo abrazaron, lo besaron y se regocijaron, se cerró un capítulo de sus vidas y se abrió otro. Los hermanos experimentaron un verdadero reencuentro y todos volvieron a ser la familia de antes.

La familia de José en Egipto

(Génesis 46:28-3). Sus hermanaos regresaron a Canaán a llevarle las nuevas de todo lo que les había acontecido, y darle la gran noticia a su padre que

José vivía y era el hombre más poderoso después del faraón. Pero al escuchar su padre, no les creyó y se afligió su corazón.

Viendo todo lo que José les había enviado y los carruajes egipcios, revivió su corazón y dijo: *"Mi hijo José vive, iré a verlo a Egipto antes que muera".* Israel ofreció sacrificio al Dios de su padres y fue con toda la familia, ganado y todo lo que tenían camino a Egipto. José los llevó ante faraón y él le dio lo mejor de la tierra de Egipto, por lo cual Israel oró por él y lo bendijo. Después de eso vivió Israel diecisiete años más, muriendo a la edad de ciento cuarenta y siete años.

INTELIGENCIA DE JOSÉ PARA LOS NEGOCIOS

(Génesis 47:20-22). Dios le dio a José una capacidad extraordinaria para gobernar a Egipto y negociar los alimentos. Cuando ya no había alimentos en Canaán, ni en los terrenos de Egipto, todos tuvieron que venir a comprar alimentos donde José, hasta que se le acabó todo el dinero en efectivo y José almacenó el dinero en la casa de faraón.

Luego le dijeron a José que no tenían dinero, pero necesitaban alimentos, José les propuso que le vendieran todo sus animales a cambio de alimento y ellos aceptaron, entonces todos los animales vinieron a ser de faraón.

Cuando se les terminó la comida, regresaron donde José y negociaron los terrenos por más alimentos, y todas las tierras vinieron a ser de faraón.

Manuel Silie

Cuando no tenían más alimentos nuevamente vinieron donde José y le vendieron sus casas por alimentos. Tiempo después le propusieron venderse ellos mismos para servir a faraón por alimentos.

He conocido muchas personas que tienen una sabiduría divina para los negocios y todo lo que se proponen lo logran y son muy exitosos. Dios bendijo a José grandemente y lo honró, porque pudo pasar el proceso en victoria. Así que José fue de gran ejemplo, principalmente para los jóvenes y adultos, y si él se guardó para Dios, nosotros podemos también. Amén.

Capítulo

5

El proceso de David

David fue ungido con un cuerno, indicando que su reino no tendría fin. El aceite del cuerno se mantiene nuevo, indicando que cada día es una nueva experiencia, un mover poderoso, una fresca unción.

INTRODUCCIÓN A LA VIDA DE DAVID

Una de las historias más emocionante de la Biblia y que le gusta tanto a los niños y jóvenes en especial, es la vida de David, un hombre que desde niño despertó un anhelo de estar en la presencia de Dios, ser un adorador y guerrero. Su vida es una leyenda que ha servido de inspiración para tantos millones de personas y aún para escritores, cineasta, poetas y ministros.

Me impacta la vida de David, porque a pesar de que cometió varios pecados, sabía humillarse y pedir perdón, por lo cual Dios le dijo que él era conforme a su corazón. David era el menor de ocho hermanos, desde pequeño le gustó ser pastor de ovejas, aunque casi nunca los hebreos permitían que el hijo menor fuera al campo a pastorear. Si analizamos a Jacob, era el menor y se quedaba en la casa y José era también uno de los menores y siempre estaba en casa mientras que sus hermanos mayores se mantenían en el campo.

La pregunta sería: ¿Por qué a David lo mandaron al campo a pastorear siendo el menor? Eso tiene varias respuestas, incluyendo la que usted le quiera dar:

• Dios quería preparar a David para la batalla.

• Dios quería un proceso para él.

• Dios lo quería sacar del anonimato.

• Dios demostraría a los judíos y al mundo que puede usar a los jóvenes.

• Dios lo prepararía para llevarlo al reinado.

David estaba en el anonimato, casi nadie sabía de él, y la gente no le interesaba si David existía. Pero ahí se manifiesta el poder de Dios, en lo que creemos insignificante, en los desconocidos por el mundo o que no valen nada. Como dijo el apóstol Pablo, *"Sino que lo necio del mundo escogió Dios, para avergonzar a los sabios; y lo débil del mundo escogió Dios, para avergonzar a lo fuerte; y lo vil del mundo y lo menospreciado escogió Dios, y lo que no es, para deshacer lo que es, a fin de que nadie se jacte en su presencia", (1 Corintios 1:27-29).*

SAMUEL UNGE A DAVID COMO REY

(1 Samuel 16:10-13). "En el tiempo de Samuel, Israel no tenía rey ya que Jehová reinaba sobre ellos, pero un día el pueblo le dijo a Samuel que querían un rey como todas la naciones lo tenían; a Samuel no le gustó la idea del pueblo, por lo cual consultó a Jehová y él le contestó: No es a ti que te desechan, si no a mi. Samuel se entristeció mucho sabiendo que el pueblo había tomado una mala decisión. Dios le dijo entonces que pondría un rey y le encomendó también que dijera a los israelitas las consecuencias de tener su propio rey."

No todas las decisiones que tomamos en la vida son del agrado de Dios. Hay personas que toman decisiones y Dios las permite, pero no quiere decir que sea la voluntad perfecta de Dios. Más adelante Samuel ungió a Saúl como rey, el cual era de gran estatura, de tal manera que sobrepasaba a todo el pueblo, según dicen las escrituras. El problema que tenía Saúl era su desobediencia y hacer las cosas según su parecer. Existen muchas personas que Dios les dice una cosa y hacen otra. Dios se decepcionó rápido de Saúl y lo desechó, diciéndole a Samuel, que se había provisto de un rey conforme a su corazón.

Luego lo envió a casa de Isaí en Belén, y le dijo que uno de sus hijos sería el próximo rey de Israel. Cuando Samuel llegó y vio los hijos de Isaí, pensó que era uno de esos, pero Dios le dijo que no mirara su apariencia, porque él miraba el corazón y ninguno calificaba para rey. A veces nos dejamos llevar por lo que vemos y muchas veces las apariencias engañan. Muchas personas visten bien y lucen espectacular y cuando las tratamos, nos damos cuenta de la arrogancia que tienen o la envidia extrema que poseen. Como dice el dicho: "Caras vemos, corazones no sabemos".

Samuel le preguntó a Isaí, si esos eran todos sus hijos y él le respondió que faltaba el menor que estaba en el campo. Nunca se imaginaban ellos que el menor podría llegar a ser un rey. David olía igual a las ovejas que cuidaba en el campo, pero lo que ellos no sabían es que estaba perfumado de la Gloria de Dios. Samuel dijo que no se sentaría a la mesa hasta que llegara David, y lo mandaron a buscar. La sorpresa fue, que cuando Samuel lo vio, Dios le dijo que ese era el próximo rey de Israel. Dice que era rubio, hermoso de ojos, y de buen parecer, o sea que David tenía cualidades de rey, aunque a Dios muchas veces no le importa lo poco parecidos que seamos, lo importante es que tengamos una vida agradable delante de Él.

Samuel tomó el cuerno del aceite y ungió a David indicando algo profético. Si observamos bien, Saúl fue ungido con una redoma la cual en su mayoría eran hechas de cerámica, y la redoma significa que es la mano del hombre la que unge, y el cuerno simboliza que es la mano de Dios.

Cuando hemos sido ungidos con redoma, la mayoría de las personas trabajamos con la capacidad humana, la fuerza natural, la inteligencia del hombre, el talento que hemos aprendido, etc.

Por esto, muchos ministerios se destruyen, negocios se quiebran, empresas se quiebran, sociedades desaparecen y familias se separan, pero cuando somos ungidos con el cuerno, tendremos la fuerza de Dios, familias estables, congregaciones fructíferas, ministerios sólidos, negocios bendecidos, sociedades en crecimiento y talentos de sobra.

David fue ungido con un cuerno, indicando que su reino no tendría fin. El aceite del cuerno se mantiene nuevo, indicando que cada día es una nueva experiencia, un mover poderoso, una fresca unción. Después que David fue ungido, el Espíritu vino sobre él. ¿Cómo nos damos cuenta si alguien ha sido ungido por Dios? Cuando las personas tienen el Espíritu de Dios y el respaldo de Él está presente en todo lo que hacen.

DAVID TOCA PARA EL REY SAÚL

(1 Samuel 16:17-18,23). La vida de David era como un juego de rompecabezas, que se iba ar-

mando poco a poco. Si notamos, él regresó al campo a seguir pastoreando las ovejas de su padre después que Samuel lo ungió como rey.

Me impresiona ver la actitud de David, que aunque tenía la unción de rey y la palabra profética sabe él, no corrió al palacio a sacar a Saúl, sino que esperó el tiempo de Dios. Unos de los problemas que se ven muy a menudo, es de personas que Dios le declara una palabra e inmediatamente la toman de forma literal y actúan y no esperan el tiempo de Dios.

Dios se decepcionó rápido de Saúl y lo desechó, diciéndole a Samuel, que se había provisto de un rey conforme a su corazón.

Por eso hay tantos casos de rebelión, porque alguien recibió una palabra diciendo que sería pastor, y en seguida quiere quitar a su pastor o irse de la iglesia con un grupo de personas, haciendo una división. También se dan casos en el que Dios le habló diciendo que sería evangelista y lo llevaría a las naciones, y rápidamente quieren que le llamen evangelista internacional, ya no quiere que nadie le hable, ni de repartir tratados en la calle, ni visitar las prisiones, etc. Hay dos clase de tiempos, el Cronos y el kairós.

DEFINICIÓN DE CRONOS:

Quiere decir un lapso de tiempo, duración de tiempo. Raíz de la palabra cronometro y sus derivados. Hablamos del tiempo terrenal, que se puede medir. Dios estableció con la creación el sol, la luna y las estrellas para medir los tiempos terrenales, *(Génesis 1:14-18)*, y por eso las unidades de medidas de nuestro tiempo son: milenio, siglo, año, mes, día, horas, minuto y segundo. Es el tiempo del hombre.

DEFINICIÓN DE KAIRÓS:

Medida correcta, ocasión, período definido, tiempo oportuno, tiempo favorable, momento señalado y preciso. Cronos marca cantidad, Kairós calidad. Kairós es el tiempo oportuno y diseñado desde el cielo, dónde Dios interviene en la vida de los hombres de una manera sobrenatural y poderosa, *(Romanos 5:6)*.

Es este el tiempo diseñado en el cielo, que se manifiesta en la tierra para bendición de los hombres. Aquí debemos velar y estar preparados para los cambios de Dios. David supo esperar el tiempo de Dios y cuando Saúl era atormentado por un demonio, de parte de Dios, decidieron buscar un músico que tuviera unas cualidades específicas.

1. Que supiera tocar bien: Yo Siempre he creído que a Dios se le da lo mejor y con excelencia y que los músicos deben esforzarse en aprender a tocar bien el instrumento que le gusta.

2. Que fuera valiente: Hay músicos que son tan débiles que hasta se inventaron su propio versículo diciendo que la carne es débil; señores eso no es así. Lo que sucede es que les gusta el pecado, les gusta revolcarse en los placeres de este mundo. Es tan grave la situación que en algunos lugares después de tocar en una congregación, se van para las discotecas, otros tocan para el mundo, otros se emborrachan y otros tocan en fornicación o adulterio.

3. Vigoroso: Es que debía tener fuerza, energía y personalidad, dando a entender que el músico tiene que tocar con energía, fuerza y personalidad. No como en algunos casos donde hay músicos que tocan como si les hubieran sacado el alma, y además todo mal vestido en los altares. En muchos grupos y bandas ya no se definen quienes son cristianos y quienes no, parecen mas músicos seculares de espectáculos, que adoradores.

4. Tenía que ser de guerra: Si notamos, son pocos los músicos que les gusta la oración o la guerra espiritual. Cuando tienen que cantar o tocar, siempre estarán presentes, pero la mayoría no llegan al servicio de oración.

5. Prudente en sus palabras: Es decir que sabía expresarse bien con sus palabras. De igual manera la mayoría de músicos de hoy, tiene mucho verbo y se expresan muy bien, lo malo es que en muchas ocasiones usan esto, en especial los varones, para tener una novia en cada iglesia donde ministran. A muchos ya se les cauterizó la mente, siendo indiferentes a los llamados de atención, no aceptando corrección y por último deciden cambiar de congregación.

6. *Hermoso:* La hermosura no solamente tiene que ser lo exterior, es también lo interior. Si a usted Dios le dotó con hermosura física, Gloria a Dios, pero si no es así, no se preocupe. En Dios todos somos hermosos, aunque hay personas que no se sienten elegantes por fuera, pero son un tesoro por dentro, y hay personas que se creen tan hermosas por fuera, que por dentro son un ogro, de tal manera que con su actitud alejan a las personas.

7. *Jehová estaba con él:* Es de vital importancia tener el respaldo de Dios y la unción del Espíritu Santo. Los músicos y adoradores tienen que hacerlo, no para agradar al público, sino a Dios, para que Él los respalde y el público sea ministrado.

Me impactó un documental que vi de gran cantante que empezó su carrera en la iglesia. Cuando él era bien consagrado a Dios, y tenía que salir al público, pasaba largo tiempo orando y llorando ante la presencia de Dios, para que Dios lo usara y la gente fuera ministrada. Un día un grupo de jovencitas le gritaron: *"Tu eres el rey",* y él respondió: *"El rey es Jesucristo".* Aleluya.

Después Saúl mandó a buscar a David. Me parece ver a Dios armando el rompecabezas y diciéndole a David: "Te llevaré a conocer la Casa Blanca o mejor dicho, el palacio donde vas a reinar".

Cuando David llegó donde Saúl, lo amó mucho y lo hizo su paje de armas, (En ese tiempo era la persona que acompañaba a su señor, le llevaba las armas y se las daba cuando las necesitaba). Luego cuando el espíritu malo atormentaba a Saúl, David tocaba el arpa, los demonios se alejaban y Saúl se aliviaba.

Qué unción tan poderosa tenía este Joven de diecisiete años. Que lindo cuando los músicos y adoradores están santificados, y Dios comienza a derramar su Gloria sobre el pueblo, de tal manera que los demonios no resisten y se van de los cuerpos poseídos.

DAVID ES HUMILLADO POR
SU HERMANO MAYOR

(1 Samuel 17:28-29). "David regresó a Belén donde su padre, para seguir pastoreando las ovejas. Y pasado un tiempo, los filisteos le declararon la guerra a Israel, por lo cual Saúl hizo un llamado al pueblo y se reunieron para pelear. Pero del ejército de los filisteos salió un paladín gigante llamado Goliat, desafiando al pueblo y diciendo que le dieran un hombre para que peleara con él y si él le vencía, ellos serían sus siervos y si él lo vencía, los israelitas le servirían".

Todo el pueblo temblaba con ese desafío incluyendo al rey Saúl, el cual era el más alto y era el más cobarde, ya que el rey debía ser el primero en estar delante. Dios siguió armando el rompecabezas y puso en el corazón de Isaí que mandara a llamar a David para que fuera a llevarles comida a sus tres hermanos mayores que estaban en el campo de batalla. La pregunta que me hago es, ¿Por qué si eran ocho hermanos, no mandó a los cuatro vagos que estaban en la casa? Y Dios me dio dos respuestas; **primero,** porque Él quería usar a David y **segundo,** para enseñarnos que a Dios le gusta usar a los que están ocupados.

"Cuando David llegó al campamento preguntó por sus hermanos y dejó la comida en el vagaje, de repente salió Goliat haciendo el desafío y lo escuchó David, por lo cual se indignó y dijo: ¿Quién es ese incircunciso que se atreve a desafiar a los escuadrones de Jehová? Y le preguntó a los hombres de guerra: ¿Qué le darán al que le quite la cabeza a ese gigante? Ellos le respondieron que le darían la hija de Saúl, una casa, un puesto en el gobierno y muchos presentes".

Le garantizo que si le decimos a los jóvenes de la iglesia, que por su fidelidad se les dará a la muchacha más linda a final de año para que se case con ella, es seguro que no se pierde una vigilia, un ayuno, un culto, una campaña, ni un campamento.

"Cuando su hermano mayor lo vio en el campamento, lo humilló diciéndole: Yo conozco tu soberbia y la malicia de tu corazón, que para ver la batalla has venido, pero David solo lo ignoró".

Muchas veces en el proceso, encontramos personas que nos quieren humillar para detener el plan de Dios, y lo mejor que podemos hacer es ignorar a esas personas, no rebajándonos al nivel de ellos.

Dice la Biblia: *"La cordura del hombre detiene su furor, Y su honra es pasar por alto la ofensa",* **(Proverbios 19:11).**

SAÚL DUDA DE LA CAPACIDAD DE DAVID

(1 Samuel 17:31-33). *"De los hombres que escucharon a David hablar en el campamento, le hicieron saber a Saúl sus palabras, por lo cual Saúl lo mandó a llamar".*

Imagínese esa escena y Dios armando el rompecabezas. Cuando David entró al palacio, era el mismo que le tocaba el arpa, Saúl dudó de la capacidad de David y le dijo: *"tú no puedes pelear con ese gigante porque eres muchacho y él es hombre de guerra desde su juventud".* Me parece ver a David diciéndole a Saúl, usted conoce a Goliat, pero no conoce a David, él es hombre de guerra desde su juventud y yo soy muchacho de guerra desde mi niñez, o sea que empecé a guerrear primero que él, deacuerdo a la infancia.

Que lindo cuando los músicos y adoradores están santificados, y Dios comienza a derramar su Gloria sobre el pueblo.

"Le diré algo más, yo estoy acostumbrado a pelear con leones y osos y ese incircunciso será como uno de ellos". Muchas personas dudan de nuestra capacidad, porque no nos conocen bien y hasta nos ponen a prueba, lo importante es no desanimarnos ni turbarnos.

"Cuando Saúl lo vio, decidido mandó a sacar su armamento y se lo pusieron a David, pero yo pienso que el armamento pesaba más que él, ya que no podía caminar".

73

"David le dijo: "Yo no puedo pelear con su arma-mento", y Saúl le contestó: ¿Y con qué vas a pelear contra él? Y David dijo; con mi honda y algunas pie-dras". Esto tiene una gran enseñanza ya que hay mu-chísimas personas que les encanta pelear con el armamento ajeno, por ejemplo:

Le dice un hermano a otro que tiene un problema grandísimo y que ore en la madrugada por él; el her-mano como es de Dios, en la madrugada se levanta a interceder por el problema del otro hermano, pero mientras este se encuentra orando, el que pidió la oración pasa toda la noche roncando, eso es pelear con el armamento ajeno.

Una hermana le dice a otra que tiene un pro-blema matrimonial y está al borde de la separación, le pide su ayuda para que haga tres días de ayuno y así buscar la intervención de Dios. Durante el tiempo de ayuno de la hermana, la que tiene el pro-blema está metida en un restaurante comiendo y di-ciendo: *"barriga llena, corazón contentó"*; eso se llama pelear con el armamento ajeno.

No está mal pedir oración o ayuno por una situa-ción difícil, pero si lo pedimos, tenemos que orar y ayunar también nosotros. David salió de delante de Saúl y fue al arroyo a buscar cinco piedras. Esto nos da una enseñanza:

• El número cinco representa el pentateuco, o sea los primeros cinco libros de la Biblia escritos por Moisés.

• El cinco representa los cinco ministerios.

• El cinco representa los cinco gigantes que había en los días de David. Quiero explicar lo de los cinco gigantes, ya que los hombres y mujeres de Dios tenemos que estar siempre preparados. Me imagino lo que pasó por la mente de David en ese momento cuando estaba agarrando las cinco piedras, tal vez decía: *"La primera es para el incircunciso llamado Goliat; después que mate a Goliat, tengo la segunda piedra por si se levanta Isbi-benob, si se levanta Saf, tengo la tercera piedra, si se levanta Goliat Geteo, tengo la cuarta piedra, y si se levanta el gigante de los veinticuatro dedos, lo mato con la quinta piedra".* Eso es lo que se llama un hombre precavido y que guarda refuerzo por si acaso lo necesita. Muy interesante esta historia que nos narra la Biblia en *1 Samuel 21:15,22.*

DAVID MATÓ A GOLIAT

(1 Samuel 17:42-43, 48-51). Una de las herramientas más letales que el enemigo usa en contra de nosotros, es el menosprecio, ya que él sabe que si logra intimidarnos fácilmente nos ganará la batalla, lo bueno es que a David nada lo intimidaba, sino al contrario, era como si le estuvieran poniendo combustible para seguir avanzando.

Dice la historia que cuando David se puso en la línea de batalla y el filisteo lo vio, le tuvo en poco porque era muchacho rubio y hermoso, y le dijo a David: *"¿Vienes tú contra mí con palo y piedra como si yo fuese un perro?"* Y lo maldijo por sus dioses. Pero yo me imagino a David pensando y diciendo:

"Yo he matado leones, osos y si este se considera un perro, estará más fácil la victoria". En otras palabras, Goliat declaró su propia derrota.

David le dijo: "Tú vienes contra mí con espadas y jabalinas, pero yo vengo contra ti en el nombre de Jehová, el Dios de los escuadrones de Israel a quien tu has provocado y yo te venceré y daré tu carne a las bestias del campo y las aves del cielo y en toda la tierra sabrán que de Dios es el poder". Debemos entender que esta batalla no es de nosotros, sino de Jehová, y los que se levantan contra nosotros se levantan contra Dios, si estamos en sus manos.

Los hispanos tenemos un dicho muy popular que decimos: "Donde pongo el ojo, pongo la bala", y creo que David tenía su propio dicho que decía: "Donde pongo el ojo pongo la piedra". Los filisteos para pelear usaban un equipo protector, los cuales le protegía las piernas, el abdomen, el pecho, los brazos, y usaban un casco para la cabeza, el cual solo tenía una abertura que le dejaba al descubierto los ojos y parte de la frente. ¿Dónde cree usted que David puso el ojo? Exactamente en esa abertura, y cuando Goliat empezó a ir encima de David, él le lanzó una piedra que ni le dio tiempo para sacar la espada, y de la pedrada que le dio en la frente, Goliat cayó sobre su rostro, inmediatamente David corrió y desenvainó la espada del gigante y le cortó la cabeza con ella.

Así que el pueblo de Dios ganó la batalla aquel día. Cuando Dios está en la batalla no importa los gigantes que se levanten contra nosotros, Dios es más grande que ellos y los venceremos. Usted que está leyendo este libro, no desmaye, pues falta poco para esa gran victoria. Se lo estoy diciendo es por que puedo sentir en mi espíritu que pronto va a testificar de lo que Dios va a hacer en su vida. Comience a darle gracias a Dios por su milagro que viene en camino y declare las cosas que no son, como si fuesen.

SAÚL TIENE CELOS DE DAVID

(1 Samuel 18:7-9). "Después que David mató a Goliat tomó la cabeza en sus manos y fue donde Saúl. Él lo había visto cuando salió a pelear con Goliat y le preguntó a un general de ejército: ¿De quién es hijo este muchacho?"

Me da la impresión que David estaba transformado en otra persona. Los entendidos comprenderán, y me ha pasado muchas veces, que cuando estoy predicando o haciendo liberación de demonios, siento que no soy yo. Eso es bíblico. Moisés al bajar del monte se veía transformado, tanto que el pueblo hasta lo mandaba a ponerse un velo; Jesús en el monte de la transfiguración también lo experimentó.

Tengo una pregunta para usted: ¿David fue a pelear con cinco piedras y con cuántas cree usted que regresó donde Saúl? Posiblemente me respondería que con cuatro, pero la verdad es que regresó con las cinco piedras, cuatro en el saco pastoril y una metida en la cabeza de Goliat, dando a entender que en Dios, no se pierde nada. Por eso no entiendo a la gente que dice haber estado mejor cuando no le servían a Dios, y creo que eso es erróneo, ya que Jesús dijo que cualquiera que haya dejado casas, o hermanos, o hermanas, o padre, o madre, o mujer, o hijos, o tierras, por mi nombre, recibirá cien veces más, y heredará la vida eterna. *(Mateo 19:29).*

Cuando Saúl regresó a Jerusalén, las mujeres salieron danzando con panderos para recibirlo y cantando un coro que decía: *"Saúl mató sus miles y David sus diez miles".* Le hago otra pregunta, ¿Usted cree que David mató diez miles? Su repuesta sería no, pero las mujeres no estaban equivocadas, ya que la cabeza de Goliat, valía por diez miles. Dice la Biblia que ese dicho no le gustó a Saúl y tuvo celo de David diciendo que sólo el reino le hace falta. Era tanto el celo contra David, que lo quería desaparecer. Ese es el gran problema de hoy en día con muchos ministros que no pueden ver a Dios usando a otro más que a ellos, porque se llenan de ese celo ministerial, el cual yo le llamo el celo del diablo, y quieren desaparecer al hombre o mujer que Dios está levantando. Eso es terrible y a mí me ha tocado vivirlo en carne propia, pero más adelante hablaré de eso.

DAVID EN LA CUEVA DE ADULAM

(1 Samuel 22:1-2). Saul comenzó a perseguir a David para quererlo matar y tuvo que escapar por su vida, hasta que llegó a una cueva llamada Adulam.

Adulam significa: "lugar de refugio o reposo", "lugar cerrado". Estaba cerca a Jerusalén, era de gran tamaño y difícil acceso. ¿Dónde estaba David antes de llegar a Adulam? En Gat, donde dice la Biblia que tuvo que comportarse como loco, para poder salvar su vida.

Muchas veces tenemos que hacernos los locos para que el enemigo no nos enloquezca. Después huyó escondiéndose en la cueva de Adulam y allí "reposó" temporalmente de la persecución. Cuando David fue allí se sentía traicionado, impotente, cansado y con temor de la muerte ante la persecución del rey Saúl.

Quiero decirle a usted, si está pasando momentos terribles de persecución, que Dios tiene un Adulam preparado para que repose, pero no es para que se quede ahí, sino para que recobre fuerzas y continúe batallando.

Cuando Saúl regresó a Jerusalén, las mujeres salieron danzando con panderos para recibirlo y cantando un coro que decía: "Saúl mató sus miles y David sus diez miles".

Cuando la familia de David se dio cuenta que él estaba en Adulam, vinieron a él y luego vinieron y se juntaron con él todos los afligidos, y todo el que estaba endeudado, y todos los que se hallaban en amargura de espíritu, y fue hecho jefe de ellos; y tuvo consigo como cuatrocientos hombres. Los cuales David preparó y se convirtieron en los valientes de David, de tal manera que hicieron historia.

Saúl consulta a la adivina

(1 Samuel 28:5-7). Lo más terrible es cuando hemos perdido la presencia de Dios y Él no nos quiere hablar por ningún medio, y tomamos la mala decisión de consultar a los adivinos, brujos o hechiceros. Saúl había sido desechado por su rebeldía y por ello Dios no le hablaba de ninguna forma, dice la Biblia que ni por sueños, ni por Urim, el cual era un instrumento que Dios preparó para ayudar al hombre a obtener revelaciones del Señor y a traducir idiomas.

Ni por profetas le hablaba, o sea que mucho menos iba a usar una adivina para que le hablara, ya que eso es abominación a Jehová. Al respecto comento lo siguiente:

Primero: Hay tantas personas que se dejan confundir en este pasaje, simplemente porque Saúl y la adivina dijeron que era Samuel, ignorando lo que dice la Biblia, no es maravilla, porque el mismo Satanás se disfraza como ángel de luz. *(2 Corintios 11:14).*

Segundo: Si analizamos bien, los muertos no tienen parte en lo que se hace en la tierra como dice la Biblia: *"Porque los que viven saben que han de morir; pero los muertos nada saben, ni tienen más paga; porque su memoria es puesta en olvido". (Eclesiastés 9:5).*

Tercero: Porque es abominación a Jehová. Dice la Biblia: *"No sea hallado en ti quien haga pasar a su hijo o a su hija por el fuego, ni quien practique adivinación, ni agorero, ni hechicero, ni encantador, ni adivino, ni mago, ni quien consulte a los muertos. Porque es abominación para con Jehová cualquiera que hace estas cosas, y por estas abominaciones Jehová tu Dios echa estas naciones de delante de ti".* **(Deuteronomio 18:10-12).**

Con estas tres bases bíblicas y otras más, quiero aclarar que ese que habló por la boca de esa adivina, no era Samuel. Dice el pasaje que Saúl había mandado a matar a todos los brujos y adivinos del país cuando empezó a reinar, por lo cual se disfrazó y vino a donde la adivina.

"Ella le dijo: tú sabes que Saúl ha echado a los evocadores y adivinos y si se diera cuenta de esto me mataría, ¿Por qué poner tropiezo a mi vida? Saúl le juró por Jehová que no le sucedería nada."

"Ella le preguntó que a quien quería consultar, y él le dijo que a Samuel, entonces ella cuando vio ese personaje exclamó diciendo, ¿Por qué me has engañado? pues tú eres Saúl. Y el rey le dijo: No temas. ¿Qué has visto? Y la mujer respondió a Saúl: He visto dioses que suben de la tierra. Él le dijo: ¿Cuál es su forma? Y ella respondió: Un hombre anciano viene, cubierto de un manto. Saúl entonces entendió que era Samuel, y humillando el rostro a tierra, hizo gran reverencia". **(1 Samuel 28:13-14).**

Saúl entendió que era Samuel, según él. Si analizamos la Biblia, ningún ser humano tiene la potestad de hacer venir a nadie de los muertos, o sea que estoy seguro completamente que ese no era Samuel.

Usted se preguntará quién era entonces. Yo creo que posiblemente era Satanás o un demonio disfrazado de Samuel. Ese personaje le habla como si fuera el mismo Samuel y le dijo que al siguiente día él estaría con sus hijos. Esa es otra prueba de que no era Samuel quien hablaba, ya que Samuel se salvó y Saúl se perdió. La Biblia dice que los suicidas no entran al cielo y Saúl se suicidó. Así que si usted quiere seguir pensando que ese era Samuel, el que habló por la adivina, son sus creencias y lo respeto, pero más claro no canta un caribeño.

Otro argumento que tengo es el caso de Pablo y la adivina: *(Hechos 16:16-18)*. Las preguntas que tengo son estas ¿Era Dios que hablaba en ella?, ¿Era el Espíritu Santo?, ¿Era una profetiza? La respuesta es no, por lo cual era un demonio que hablaba por ella. Si hubiese sido uno de nosotros en estos tiempos, diríamos que no se lo reveló carne ni sangre, sino Dios.

David es coronado Rey de Israel

(2 Samuel 5:1-3). "Después de la muerte de Saúl se levantó Is-boset hijo de Saúl, y gobernó sobre Israel dos años y Recab con su hermano Baana, lo mataron en su cama cuando este dormía".

Es terrible que cuando le dieron las nuevas a David de la muerte de Saúl, mandó a matar a esa persona y a estos dos hombres que mataron a Is-boset los mandó a matar también. A David había que tenerle miedo para darle una noticia, ya que uno no sabía cual iba a ser su reacción.

Hay personas que se han muerto con una mala noticia, otro se vuelven locos, otro se suicidan, otros caen en depresión, etc.

No obstante vinieron todas las tribus de Israel a David y los ancianos lo ungieron como rey, para que gobernara sobre ellos. Aquí se terminó de armar el rompecabezas en la vida de David, es que Dios siempre cumple su palabra, cuando sabemos esperar su Kairós. Nunca nos desesperemos, ni tratemos de correr en el camino de Dios, que a su debido tiempo él cumplirá su propósito en nosotros.

Capítulo

6

El precio que he tenido que pagar

El que no ha experimentado lo que se siente servirle a Dios de corazón, no sabe de lo que se pierde. El gozo que Dios nos da, es mejor que la cerveza, el licor, las drogas, el sexo, las amistades, el dinero, etc. Usted amigo(a) lector(a) si todavía no ha experimentado este gozo, yo le invito a que tenga una experiencia con Jesús y le entregue su corazón a Jesús y comience a congregarse en una iglesia cristiana.

Un corto relato de mi biografía

Quiero empezar este capítulo con un poco de mi historia. Nací en República Dominicana en el año 1977. Soy huérfano de padre y madre. Mi padre se llamaba Pedro Silie y era de ascendencia europea nacido en Santo Domingo. Mi madre se llamaba Dignora Amparo, originaria de Miches. En mi niñez viví con mi padre y una madrastra en la capital, en Buenos Aires de Herrera. Luego mi madre me llevó a vivir a un campo llamado la Mina de Oro, donde casi pierdo la vida, luego de una caída que tuve de una mula en la cual iba con un primo.

Después mi padre murió de un infarto y mi madre me llevó a vivir al pueblo de Míches con mi abuela, y ella emigró a Puerto Rico. En eso ella calificó para la amnistía del 86 y se hizo residente de los Estados Unidos, por lo cual gestionó los papeles para mi residencia. Luego ella se mudó a New Jersey, Estados Unidos, donde conoció al Señor y le entregó el corazón y comenzó inmediatamente a clamar por mí y la familia.

Tengo también una tía que se llama Belky Amparo, que fue la primera que conoció al Señor y de vez en cuando me llevaba a la iglesia. En ese pueblo trabajaba y estudiaba, y a la edad de dieciséis años le entregué mi vida a Cristo, desde entonces mi vida cambió para bien y empecé a ver la mano de Dios. Comencé a congregarme y a ser doctrinado en la iglesia Asamblea de Dios de Míches, por el pastor Ricardo quien ya falleció.

Mis amigos del barrio no creían que yo me había convertido y como eso fue en el mes de septiembre de 1995, ellos me dieron hasta diciembre de ese año. Dijeron que me darían tres meses nada más en la iglesia, porque como ellos sabían que yo era el que le hacía el coro en la discoteca, no me querían perder, según ellos. Recuerdo que cuando yo estaba medio tomado, yo decía, *"eso bale un trago"* y me empinaba la botella.

Cuando dijeron eso, me metí más de cabeza en la iglesia. Cuando todavía no era cristiano, había una joven cristiana que se había enamorado de mí, pero no me gustaba y para colmo, cuando me convertí fue en la misma iglesia que se congregaba esa joven. Comenzaron a atacarme los del barrio diciéndome que por esa joven me había convertido, yo les decía que no, que me había convertido por mi salvación.

Yo comencé a meterme con Dios y Él empezó a decirme que me usaría grandemente como predicador y me llevaría a muchos países, eso parecía un sueño para mí. Para los que no creen que Dios habla, quiero decirle que Él es real y lo que dice se cumple. Era increíble que me dijera lo mismo por dos o tres predicadores que no me conocían. Los jóvenes de la iglesia con Marisol Paredes, me comenzaron a llevar a evangelizar por las calles, por lo que les agradezco muchísimo. Yo hacía muchas preguntas en la iglesia y gracias a Dios encontré personas que le daban respuestas a mis preguntas. Frente a mi casa había una discoteca en un segundo piso, que se llamaba el Palomar, ubicada en el barrio arriba.

En esos días estaba pegado un merengue que se titulaba "el mujerón" y lo ponían como quince veces al día y cuando sonaba, los pies se me movían al ritmo del merengue. Yo nunca aprendí a bailar y ahora que estaba empezando a camina con Dios, el diablo quería ponerme a bailar.

Le comenté a una sierva de Dios la lucha que estaba pasando con ese merengue y ella me dijo: *"Hermano cuando tiren el merengue, usted tire un coro".* *Le pregunté: "¿cómo así?" Ella me dijo: "Cuando pongan el merengue, comience a cantar, "la sangre de Cristo tiene poder, tiene poder, tiene poder".* Me llevé del consejo de esa hermana y cada vez que sonaba el merengue, yo cantaba ese coro, hasta que después ya no le hacia caso.

Antes de ser cristiano yo le tenía miedo a la muerte, y tenía muchas pesadillas y sueños, donde me caía en un túnel oscuro y pasaba la noche dando gritos en el sueño y nadie me ayudaba. Muchas veces sentía que alguien me agarraba del cuello y no me dejaba mover, trataba de llamar a alguien y la voz no me salía, eso era desesperante. Cuando eso me lograba soltar yo despertaba asustado y lleno de sudor. En la habitación que dormía, tenía el techo de lámina, los dominicanos le llamamos zinc. Casi todas las noches caía algo en el techo, parecía como gatos y comenzaban a sobar la lámina con las uñas y eso me asustaba y me daba dentera.

Lo sorprendente de todo eso, es que la noche que me convertí se me quitó el miedo a la muerte, deje de soñar con túneles oscuros, ya no tenía pesadillas y aun lo que caía en el techo, dejó de caer.

Yo le dije al pastor que quería bautizarme y él me respondió que en diciembre serían próximos bautizos, también le dije que me diera las clases prebautismales y me las dio. Por eso es que las personas que se convierten, deben procurar ser bautizados inmediatamente, como la Biblia dice en **Marcos 16:16 y Juan 3:19.**

MIS AMIGOS ME DIERON TRES MESES MÁS

Como los amigos me habían dado tres meses de prueba y el pastor había dicho que los bautizos serían la primera semana de diciembre, el Señor trató con el pastor y él cambió la fecha.

Recuerdo que él dijo en el púlpito: *"Debido a que muchos se descarrían a finales de diciembre, he sentido de parte Dios hacer los bautizos el primer sábado de enero, así que los nuevos que pasen la prueba serán los que se van a bautizar".*

En verdad que Dios usó al pastor, porque eso sirvió para que me metiera más con Dios. Llegó el fin de año y en esas fechas hay una algarabía muy fuerte en el pueblo, mucha comida, bebidas, música, baile, sexo, drogas, etc. Mis amigos sabían que esas tentaciones serían fuertes para mí, pero después de compartir con mis familiares la noche buena, me fui para la iglesia y pasé la prueba en victoria.

El sábado seis de enero de 1996 me bautizaron en un río, con un grupo de valientes que vencimos las pruebas. De ahí me dijeron mis amigos: *"¿Con qué pásates diciembre en la iglesia?"* Yo les contesté:

"Amén para la Gloria de Dios". Ellos me dijeron: *"Te damos tres meses más, hasta semana santa, vamos a ver si resiste esa tentación en la playa".*

Para los que no saben, República Dominicana es una isla que tiene algunas de las playas más lindas del mundo y en Miches está Costa Esmeralda que es una de las playas más bellas del país. Ellos sabían que las playas de Miches se llenaban de mujeres en traje de baño, que venían de muchos lugares del país. Esas palabras me desafiaron y agarré una hora de oración todos los días, entre la una y las dos de la tarde. Encerrado en mi habitación, le decía a Dios que me ayudara a serle fiel y no caer en pecado. Luego empezaron a darme privilegios en la iglesia, en los campos blancos, ayunos y la clase de los jóvenes. Yo sentía un gozo que nadie me lo podía quitar y como dice el coro *"El gozo que tengo yo, el mundo no me lo dio, el mundo no me lo dio y como no me lo dio, no me lo puede quitar".*

> *Para los que no creen que Dios habla, quiero decirle que Él es real y lo que dice se cumple.*

El que no ha experimentado lo que se siente servirle a Dios de corazón, no sabe de lo que se pierde. El gozo que Dios nos da, es mejor que la cerveza, el licor, las drogas, el sexo, las amistades, el dinero, etc. Usted amigo(a) lector(a) si todavía no ha experimentado este gozo, yo le invito a que tenga una experiencia con Jesús y le entregue su corazón a Jesús y comience a congregarse en una iglesia cristiana.

Recuerdo una madrugada durmiendo en mi habitación y una voz dijo algo fuerte, *"¡Josué!"*. Yo me senté en la cama y miré a mi hermano y miré en la otra cama a mi primo y su niño y todos estaban dormidos. Yo dije, *"¿Qué será esa voz?"* Pero me acosté de nuevo y estando medio dormido, volvió la voz a decir, *"¡Josué!"*. Me volví a sentar para ver si era que uno de ellos estaba hablando dormido, pero no, todos estaban bien dormidos. Yo no entendía, ni nunca había escuchado la voz de Dios y para los que no creen que Dios llama directamente a una persona, les invito a que lean *1 Samuel 3:1-15,* para que vean que Dios llamó cuatro veces a este joven, a la cuarta vez entendió que era Dios. Yo me volví a acostar y nuevamente medio dormido, volvió la voz a decirme, *"¡Josué!"* Entonces entendí que Dios quería decirme algo.

Me arrodillé y empecé a orar y después me levanté y salí de la habitación con Biblia en mano, eran ya como la seis de la mañana. Le dije a Dios que si me quería hablar por medio del libro de Josué, que me indicara a donde. ¡Increíble! La Biblia que tenía estaba marcada en un verso en el libro de Josué y Dios me puso a leer exactamente ese versículo. Era *Josué 1:8* dice, *"Nunca se apartará de tu boca este libro de la ley (Biblia), sino que de día y de noche meditarás en él, para que hagas todo lo que en él está escrito, por que entonces harás prosperar tu camino y todo te saldrá bien."*

También entendí que Dios me estaba mandando a esforzarme y a ser muy valiente. Le creí a esa palabra y me propuse leer la Biblia en un año. Empecé a leerla en Génesis y cuando llegué a Levítico, no entendía nada de los sacrificios y me desanimé, de tal manera que no le encontraba sabor a la Biblia.

Le comenté lo que me había sucedido a una persona de la iglesia y me dijo que yo había empezado mal con mi lectura de la Biblia, siempre para los nuevos creyentes es mejor que empiecen por el Nuevo Testamento desde Mateo hasta Apocalipsis y luego tomar el Antiguo Testamento, desde Génesis hasta Malaquías. Por eso es bueno que cuando nos desanimemos por algo, busquemos ayuda rápido, antes que el enemigo gane ventaja.

Yo le di las gracias a esa persona y lo hice como me explicó, y exactamente en un año leí toda la Biblia. Seguían pasando los días y mis amistades me observaban; por ejemplo, cuando yo no era cristiano y comenzábamos a contar cuentos, me gustaba robarme el show y hasta me hacían ronda y decían que tenía gracia para ser comediante, (bueno todavía la tengo, alaba). Cuando contábamos chistes rojos o de pepito, yo era uno de los primeros en reírme, el caso fue que cuando me convertí, ellos comenzaban a contar sus cuentos rojos y todos se reían menos yo.

Ellos me preguntaban, ¿por qué ya no era el mismo de antes? y yo les decía que ya era cristiano y no podía participar de cosas sucias. Luego llegó semana santa y comenzaron las playas a llenarse de gente, habían muchas mujeres enseñando sus atributos, pero el pastor fue sabio y le dijo a la iglesia que se harían ayuno, oración y las siete palabras en la iglesia. El caso fue que pasé semana santa en la iglesia, dándole Gloria al Señor. Después mis amistades me "soltaron en banda", es decir, me dejaron en paz. Han pasado más de 18 navidades y semanas santas y sigo de pie sirviéndole al Señor.

Algunos de esos amigos que tenía están bajo tierra, otros en los vicios, otros en malos pasos, otros en diferentes países, otros se entregaron a Cristo y yo en Estados Unidos predicando la Palabra de Dios y viajando a muchísimas naciones, anunciando el evangelio de Jesucristo y ayudando a los necesitados.

EXPERIMENTÉ EL RECHAZO

Como mi madre estaba tramitando lo de mi residencia, los papeles salieron en ese mismo año (1996) e inmediatamente llegué a los Estados Unidos. El pastor Ricardo me había dado una carta de recomendación y me dijo que me guardara de no desviarme, ni de apartarme de la doctrina, ya que en Estados Unidos el evangelio es un poco diferente. Rápidamente comencé a congregarme en la iglesia donde asistía mi madre.

Me recibieron muy bien, gracias a Dios y me sentí contento. En República Dominicana la mayoría de los jóvenes en la iglesia son muy unidos y al llegar acá, comencé a notar que había dos grupos, los que les gustaba hablar sólo inglés y los que no hablábamos nada de inglés. Empecé a sentirme un poco rechazado, por lo cual me refugié en un grupo de oración, que llevaban ayunos a los hogares, y eso me ayudó muchísimo a mantenerme.

Agradezco muchísimo a la consejera de los jóvenes que me ayudó mucho y siempre me daba palabras de aliento. Ella sabía que Dios me llevaría muy lejos y me lo decía, por eso ella se goza al ver mi crecimiento espiritual.

En la iglesia había un instituto bíblico y comencé a estudiar primero y segundo año y me quedé ahí solo con dos años. Dejé perder un año y se me acercó un maestro del instituto, aconsejándome para que terminara mis estudios y gracias a Dios y a esta persona, terminé el tercer año pudiéndome graduar. También comencé a estudiar en la High Point High School en el grado noveno, y cuando estaba en el grado décimo, Dios me levantó como un predicador.

Creo que ahí fue que empecé el ministerio, ya que todos los días por la mañana, dábamos cultos en la cafetería en medio de aproximadamente setecientos jóvenes. Éramos alrededor de doce jóvenes que nos reuníamos; compré una caja de Biblias y las regalaba. Un día me dijo un jefe de una pandilla en la escuela: *"eso de cristiano yo te lo quito"*, y yo le contesté: *"a ver si puede papá"*. Por ultimo lo terminé llevando a la iglesia; es que Dios tiene poder.

Otro pandillero me dijo: *"vos me caes mal"*, le contesté: *"esos son tus problemas y sabes que estoy orando por ti"*, volvió a decirme: *"mi mamá es cristiana también"*, le respondí: *"qué bueno, ya somos dos los que estamos orando por ti"*. Luego se me acercó una dominicana y me dijo: *"oye loco, yo nunca podré ser cristiana como tú, porque me gustan mucho las discotecas y mover la cola",* le respondí: *"sabes qué, si tú conoces al Cristo que yo predico, no vas a dejar de ir a la discoteca ni de mover la cola, es Dios quien te va a quitar todo eso, porque si es por nuestra propia cuenta, no dejamos nada".*

A la carne le gusta la disco, el baile, las drogas, la mentira, el adulterio, la fornicación, etc, pero cuando nos arrepentimos Dios nos quita todo eso. Recuerdo que una joven de Centro América se enamoró de mí, pero no era cristiana, y ella le contó a una dominicana que yo le gustaba y que quería salir conmigo. Luego la dominicana vino y me dijo a mi que le meta mano a la tipa, pero yo le dije que no podía hacer eso porque era cristiano, ella me respondió, *"No sea tonto no ve que tiene "la carretera hecha ya"* (esa joven ya tenía un niño, era mujer), le volví a responder que no podía porque temía a Dios.

El caso fue que esa dominicana me insultó porque no quise salir con esa joven. Mi hermana le dijo a ella que me dejara tranquilo porque yo era cristiano. Los jóvenes cristianos pasan mucho por esta situación y cuando no ceden a la tentación del diablo, los insultan y hasta les dicen que no son hombres, pero es mejor que digan lo que quieran y esperar el tiempo de Dios como José.

También recuerdo que me ponía camisas, corbatas, pantalones de vestir y hasta sacos para ir a la escuela, y mi hermana me decía, *"¿por qué esta usando la ropa de la iglesia para ir a la escuela?"* Yo le contestaba, *"porque soy un predicador".* Muchos maestros me respetaban y me buscaban para dar consejería y charlas a los jóvenes. Un día iba caminando por el pasillo e iba inspirado cantando una alabanza, de repente una joven que venía detrás de mi y me dijo: *"Usted si canta bonito"*, le contesté, *"¿quién, yo?"* Ella dijo, *"si usted"*, y le dije, *"gracias"*.

A la carne le gusta la disco, el baile, las drogas, la mentira, el adulterio, la fornicación, etc, pero cuando nos arrepentimos Dios nos quita todo eso.

Para su información no se cantar ni en el baño, lo que pasó es que la unción del Espíritu la tocó en ese momento. De ese grupo de jóvenes que predicábamos, casi todos estamos perseverando en distintas iglesias y muchos jóvenes que les predicamos, están sirviéndole a Dios en diferentes congregaciones.

PASÉ HUMILLACIONES

Me involucré trabajando en la iglesia local en Maryland, donde se congregaba mi madre y llegué a ser ujier por varios años. Un día corregí un niño que estaba inquieto en la parte de atrás, y su padre se levantó de la silla y delante de los hermanos en pleno culto me humilló diciéndome, *"¡a mi hijo no le diga nada, ¿me oyó?"*. Yo era flaquito y ese hermano era bien doble y bien enojado.

Ya no quería seguir trabajando de ujier, porque fueron varios casos que me sucedieron, pero mi pastor me aconsejó y me motivó a seguir trabajando. El pastor de esa iglesia decía que quien quisiera saber lo que era pastorear una iglesia, manejara uno de los tres buses de la iglesia. Manejé uno de esos buses por tres años, y era uno de los primeros que salía y el último que llegaba a la casa.

Muchas veces llegué a recoger a los hermanos y cuando estaba afuera, levantaban la cortina y no salían. Otras veces tenía que esperar entre diez y quince minutos afuera y si me iba y los dejaba, se quejaban con el pastor. Yo decía que en Estados Unidos la gente es demasiada acomodada, principalmente los que no tienen carros, ya que los buses pasan a recogerlos y es una lucha para los choferes.

En los países hispanos la mayoría de los miembros van a pie a la iglesia y llegan contentos a alabar a Dios con júbilo. También trabajé con los jóvenes en todos los departamentos y aún como presidente a nivel de circuito de cinco congregaciones. Conozco casi todas las luchas que atraviesan los jóvenes, pues son muy atacados, principalmente en la escuela. Recuerdo que cuando empecé a estudiar, me ofrecieron fumar marihuana, venderla e ir a los skipping party. A todo eso dije no, pero lamentablemente muchos de nuestros jóvenes caen en esas trampas y tenía que estar aconsejándolos a menudo.

En esa iglesia tuve una novia cubana, pero no era de Dios esa relación y no llegamos lejos y tuvimos que terminar. Enseguida comencé a orar a Dios por mi esposa y pasaron varios años, hasta que un día, de una congregación en Washington D.C, me invitaron a dar clases de batería a la hija de un pastor, sin saber que ahí iba a conocer a mi esposa. Yo le dije a la persona que me invitó, que no era tan experto en la batería, pero que lo que yo sabía se lo podía enseñar.

A mí siempre me gustó la batería desde que me convertí y estando en mi pueblo Miches en República Dominicana, un día llegó un maestro a dar las clases y yo era uno de esos estudiantes que se anotó. Me dio varias clases pero no aprendí, ni me tuvo paciencia, por lo que me humilló diciendo que me dedicara a otra cosa, que eso no era lo mío, salí casi llorando de esa clase. Pero no me di por vencido, porque llegando a Estados Unidos, yo solo mirando como tocaba el baterista aprendí varios ritmos, sin saber que eso lo usaría Dios para darme a mi esposa.

Por eso cuando a usted le guste algo, no se dé por vencido(a), siga luchando, hasta lograrlo si es el propósito de Dios. Cuando llegué a Washington, comencé a enseñarle a la hija del pastor y terminé la clase ese día. Regresé a la segunda práctica y comencé a hablar con una Joven que estaba con las hijas del pastor y me cayó muy bien. Yo tenía varías señales para la que iba a ser mi esposa.

Le pedía a Dios que fuera una mujer linda y de ministerio, para que fuera de ayuda al mío. Temerosa de Dios para que se guarde en santidad. Bautizada en Espíritu, para que Dios la use en los dones. Más pequeña que yo, porque casi no me gustaban las mujeres de mi estatura, de hecho las novias que tuve fueron más pequeñas que yo. Que tuviera menos años que yo, porque las mujeres tienden a madurar más rápido que los hombres. Que no fuera universitaria, porque vi varios casos de mujeres que eran profesionales, ganaban más dinero que el hombre y humillaban a sus esposos, yo no quería pasar por eso.

Que no tuviera hijos porque sería un problema, que no estuviera en la secundaria, porque vi tantos casos de jovencitas que salieron embarazadas y tenía miedo. Bueno, no quiero indisponer a nadie con estos puntos que mencioné, ni menos que se moleste conmigo, ya que le estoy relatando como fue mi propia experiencia. Cuando comencé a hablar con ella, recuerdo que le hice varias preguntas de la lista que yo tenía, y para mi sorpresa ella calificó en todo, las señales que le pedí a Dios ella las tenía y dije, "¡esta es la mía!" Aquí está mi bendición. Le estaba orando a Dios por moverme de congregación, porque habían pasado muchos problemas en donde estaba y Dios me dio la salida y comencé a congregarme en Washington D.C. Esa joven tenía varios pretendientes y comenzaron a decir que yo era un lobo y que me pasé para esa congregación por carne.

Ella tenía un enamorado, pero Dios le habló diciéndole que ese no era su esposo y terminó con él. Ella le estaba pidiendo a Dios un evangelista y cuando la comencé a enamorar, encajamos perfectamente, solo que teníamos muchos opositores, y me hicieron la guerra, pero cuando algo es de Dios, no hay diablo, ni demonios que se levanten en contra. Nos hicimos novios y a los once meses vino un pastor de Ohio y nos casó. Gracias a Dios todo salió bien.

Ya tenía ocho años de ser cristiano y anhelaba hablar en otras lenguas y se lo pedía a Dios para que me llenara de su Gloria. Un domingo llegó un pastor de Guatemala a la iglesia y me dijo: *"Así dice el Señor, tienes que hacer veintiún días de ayunos".* Yo dije, *"Gloria a Dios, mañana mismo empiezo",* y comencé a ayunar todos los días, entregando a las seis de la tarde y aun trabajando lo hacía.

Los últimos tres días fueron viernes, sábado y domingo, y lo cerré sin comer nada. Le dije al Señor que le entregaba estos días de ayunos y aunque no sabía por qué me lo pedía, pero aquí se los entregaba. Como a la semana nos fuimos a trabajar en el templo durante la noche y yo estaba pintando unas paredes subido en una escalera, cuando comencé a sentir las orejas calientes y la lengua medio adormecida. Rápidamente comencé a alabar a Dios y levanté mis manos y me bajé de la escalera, el hermano que se encontraba conmigo se envolvió en la unción y duramos como media hora alabando a Dios. Después agarré las herramientas para seguir pintando y cuando estoy en la escalera e iba a poner la brocha en la pared, el Espíritu Santo me bajó de la escalera sintiendo lo mismo y nos envolvimos de nuevo en la unción como media hora mas. Al rato llegó el pastor con otro hermano y le dijimos que no habíamos avanzado con el trabajo, porque el Espíritu Santo me había bajado de la escalera dos veces.

Cuando le estábamos contando lo que nos sucedió, volví a sentir lo mismo y el pastor me puso la mano en la cabeza y me dijo: *"Recibe el Espíritu Santo",* y en seguida comencé hablar en diferentes tipos de leguas. Después pude entender por qué Dios me mandó a hacer los veintiún días de ayuno. Agradezco al pastor por dejarse usar por Dios.

Desde ese día no volví a ser el mismo, yo quería salir a contarle a todo el mundo la alegría tan grande que se siente cuando uno es lleno del Espíritu Santo. Dios comenzó a usarme en el ministerio en liberación de demonios, en sanidades y abrir puertas en muchos lugares, pero encontré muchas oposiciones.

El pastor me dijo que para poder ir a predicar, los pastores tenían que llamarle a él, que si quería ir a la cárcel, debía ir acompañado con él, de lo contrario no podía. Yo oraba en las madrugadas por teléfono con varios evangelistas y me dijo que parara de hacer eso, porque el gobierno nos estaba espiando y varias cosas más.

Yo testificaba en el púlpito de lo que Dios hacía en las congregaciones, cárceles y naciones. Algunos hermanos decían que yo era orgulloso y que me gustaba exaltarme. Un día le dije a Dios que me pusiera una piel de rinoceronte para que cuando me lanzarán flechazos al corazón, chocaran en mi piel y no penetraran, y Dios lo hizo de tal manera que después nada me afectaba.

Luego estábamos trabajando con una iglesia de Ohio, los cuales prometieron ayudarme en el ministerio, pero a Dios le plació usar otros medios.

DIOS ME PUSO EN GRACIA CON LOS PASTORES

Como Dios sabía lo que estaba pasando, un día me invitaron a una actividad al aire libre y le dije a ese pastor que me invitó que si podía ir, pero que él debía pedirle permiso a mi pastor, ese pastor me miró y me preguntó: *"¿Para qué tengo que llamar a tu pastor, si el evangelista eres tú?"* Esas palabras me llegaron al corazón y pensé, "tiene razón", él no tiene por qué llamarlo si el predicador soy yo. Fui y hablé con mi pastor y le dije que me mostrara con la Biblia, ¿Dónde dice que para que alguien me invite, tiene que llamarlo a usted? Él me respondió diciendo que eso lo había puesto para cuidarme y yo le dije que eso no era necesario.

El caso es que él quitó esa norma y Dios comenzó a ponerme en gracia con muchísimos pastores del área y de otros países. Dios usó a un pastor del área metropolitana para llevarme a una emisora radial en la 1390 AM y hacer varios eventos conmigo al aire libre. También usó a otro pastor y me llevó a otra emisora, esta vez en la 1120 AM donde transmití mi propio programa llamado "A Dios sea la Gloria", allí me enlazaba directamente para El Salvador y llegábamos hasta Honduras por tres años. También hizo varios eventos en Washington conmigo y me coordinó para que saliera por primera vez internacionalmente a El Salvador.

Yo testificaba en el púlpito de lo que Dios hacía en las congregaciones, cárceles y naciones.

103

Otro pastor que siempre me apoyó y creyó en mi ministerio, desde el principio fue un siervo de Columbia, Maryland. Luego Dios me permitió entrar en el estado de Michigan por medio de un doctor en la Palabra.

Mi esposa es de México y al principio tuvimos problema con la comida, porque ellos preparan todo con picante y yo soy enemigo del picante. Soporté una semana consumiendo su comida, hasta que me enfermé del estómago. Le dije que le enseñaría a preparar comida dominicana y que ella comiera picante de botella. Ella aprendió rápido y ahora casi cocina solo comida dominicana. Mi esposa quedó embarazada de nuestra primera niña, nació bien saludable gracias a Dios. Para mi fue una etapa buena en mi vida, y ser papá me ayudó a crecer más. Después perdimos un bebé y sufrimos mucho. Luego volvió a quedar embarazada y nació otra niña. Yo le oré a Dios diciéndole que me concediera un varón. Mi esposa solo quería dos hijos y le dije que tratáramos de nuevo para que naciera un varón, pero a Dios le plació enviarnos otra niña y somos felices.

Recuerdo que llamé a un evangelista amigo mio, esperando que me motivara a buscar el varón y le conté que Dios me había dado la tercera niña, su respuesta fue, *"varón confíe en Dios, que Felipe tuvo cuatro profetizas y le hace falta la otra niña"*, le respondí: *"varón usted no me quiere"*, pero decidimos conformarnos con las tres niñas y somos muy felices.

Luego conocí a un pastor llamado Carlos Rodríguez que me invitaba todos los meses a predicar a una vigilia y ese lugar temblaba bajo la Gloria de Dios, tanto así que sentíamos que casi agarraba fuego ese local como el avivamiento de la calle Azusa en California. Mi esposa y yo le estábamos orando a Dios para movernos de Estado y nos queríamos ir para la Florida, pero Dios no nos dio la salida, hasta que le dijimos a Él que nos moviera de congregación, porque sentía que mi ministerio no estaba avanzando. Hablé con mi esposa y le dije que la congregación que yo sentía donde Dios nos quería llevar, era la del pastor Carlos Rodríguez; ella no le gustaba esa iglesia, aún varios pastores querían que nos fuéramos con ellos. Tanto así que cuando Dios nos dio la salida a donde el pastor Carlos Rodríguez, "Iglesia Pentecostal Una Luz en el Desierto", varios pastores se enojaron conmigo.

Cuando Dios nos movió a esa congregación, varias personas comenzaron a maldecirnos y a declarar que nos iba a ir mal y que el matrimonio se nos iba a romper. La Biblia dice que Él bendice a los que nos bendicen, y maldice los que nos maldicen. Para nuestra sorpresa, toda la gente que nos profirió maldiciones, les cayó a ellos, por eso es que no es bueno hablar mal de los siervos de Dios. Mi esposa y yo llevamos más de diez años casados, somos felices y cada día nos amamos más.

DIOS COMENZÓ A ABRIRME PUERTAS EN LAS NACIONES

Al primer país que viajé desde Estados Unidos, fue a El Salvador donde Dios me conectó con el Pastor Walter Ramírez y ha sido el coordinador de nuestro ministerio desde diciembre del 2006 hasta hoy. Recuerdo que la campaña se realizó en la Tercera Brigada de Infantería en San Miguel, donde Dios salvó varias almas incluyendo soldados.

Después del primer día de campaña, nos fuimos a descansar a la casa pastoral ubicada en la falda del volcán Chaparrastique, de Cantón San Andrés. Recuerdo un día que me acosté en una hamaca y el pastor se sentó en una silla debajo de una enramada y comenzamos a hablar, cuando de repente encima de nosotros venía caminando un alacrán y el pastor lo vio y con un palo lo bajó y lo mató.

Yo le pregunté, *"¿Pastor y ese animal?"* Él me dijo: "Es un alacrán", le pregunté nuevamente: *"¿Cuál es la reacción cuando un animal de esos pica a una persona?"* Él me contó que son tres días con fiebre y que había personas débiles que no resistían el veneno y se morían. Le pregunté, *"¿Y dónde voy a dormir será que hay alguno de esos alacranes?"* Él me dijo que a veces se meten y que a su esposa ya le habían picado dos.

El problema fue cuando me tenía que arrodillar para orar, sólo pensaba que podía haber un alacrán debajo de la cama y si me picaba, no podía terminar la campaña. Tenía miedo sinceramente, pero me llené de valor y los seis días que estuve en ese lugar, pasé pidiéndole a Dios que me guardara de esa plaga y gracias a Él nunca me picó uno. En ese viaje se convirtieron muchas almas, Dios hizo grandes milagros y repartimos ropa a los necesitados.

La segunda vez que fui a El Salvador, entré por la frontera de Santa Ana y llegué a San Miguel donde estuve predicando en varios eventos, allí Dios hizo grandes milagros y salvó muchas vidas.

En el tercer viaje misionero me acompañaron varios pastores y siervas del Señor incluyendo la esposa de mi pastor. Recuerdo que fuimos a San Juan Nuevo Edén, cerca de la frontera con Honduras. Cuando llegamos al río Lempa, no había puente para pasar al otro lado. Yo le pregunté a la misionera cómo íbamos a pasar al otro lado y ella me contestó que en una barca. Así fue, pasamos a San Juan Nuevo Edén en la barca. La campaña se hizo en el parque municipal y fue impresionante la cantidad de apartados que regresaron al Señor.

En ese lugar la mayoría de iglesias son Apóstoles y Profetas Libres, y casi no hay ancianos, ya que el que pecaba no lo recibían. Pero Dios me dio un mensaje del hijo pródigo que marcó ese lugar, y hasta un joven con el que me encontré la vez pasada en la ciudad de Baltimore, Maryland, que estuvo en ese evento, me recordó ese mensaje.

Gracias a Dios que la misionera que nos llevó, levantó un templo cristiano en ese lugar y hay un buen grupo de almas perseverando. También con mi pastora nos ganamos al sobrino de ella, el cual Dios comenzó a usar predicando. Luego bajamos a San Andrés y Dios usó a mi pastora predicando al aire libre en el culto de acción de gracias por la casa de mi coordinador, el pastor Walter Ramírez.

Para el cuarto viaje me acompañó mi madre Dignora Amparo y mi pastora y fuimos a llevar un cargamento de ropa, zapatos, medicinas, libros, y Biblias, cuando sucedió el deslave en San Vicente a finales del 2009.

En ese viaje tuvimos mucha oposición, porque el cargamento que enviamos en el avión de carga, no se lo quisieron entregar a mi coordinador, al menos que pagáramos siete mil dólares de impuestos o que fuera el presidente de la institución Sepa. Mi coordinador habló con el presidente de Sepa y él tuvo que hablar con el presidente de la República, el cual le dijo que esa ayuda tenía que pasar por la Alcaldía, para que ellos la repartieran y lo documentara la prensa.

Cuando mi coordinador me dijo eso, yo le dije que no, porque eran donaciones del pueblo de Dios, y no lo íbamos a entregar a la Alcaldía, ya que a mi siempre me gusta entregar las donaciones personalmente, para tomarle fotos y vídeos y dárselo a todos los que nos apoyan. Tampoco íbamos a pagar siete mil dólares, porque ya en el aeropuerto habíamos pagado setecientos dólares para enviar setecientas libras.

Estuve varios días predicando en la Tercera Brigada de San Miguel y un día en el plantel de una radio. Dios comenzó a hacer milagros, las almas se comenzaron a salvar y algunas personas cayeron al suelo bajo el Poder de Dios. De esa radio me cancelaron un día de actividad que tenía, ya me acusaron de G12, porque la gente se caía al suelo y a mi coordinador lo acusaron de liberal, de tal manera que me cancelaron un día de campaña. Fuimos a esa radio a hablar con ellos y nos dijeron que la campaña estaba cancelada, yo les dije que si me acusaban de G12 porque la gente se caía al suelo en la ministración, entonces la mayoría de iglesias son G12, porque trabajan con grupo familiares (Aclaro que creo en los grupos familiares o células de crecimiento) El problema es que hay unos cuantos predicadores y pastores que Dios no los usa en liberaciones ni en los dones espirituales y critican y juzgan a aquellos que Dios usa.

Para nuestra sorpresa, toda la gente que nos profirió maldiciones, les cayó a ellos, por eso es que no es bueno hablar mal de los siervos de Dios.

Mi coordinador me preguntó sobre lo que haríamos con esta acusación, yo le dije que oraríamos a Dios y veríamos lo que haría con esa radio y con los que estuvieron involucrados con esa difamación.

Nos pusimos en oración y la radio se la quitaron al que nos había acusado y se la dieron a mi coordinador y los cómplices también recibieron su parte. Un consejo práctico, si alguien lo acusa injustamente no se defienda, deje que Dios pelee por usted y verá la Gloria de Dios; **cuando nosotros nos defendemos, Dios se aparta y nos deja solos, pero cuando dejamos que Él pelee por nosotros, Él se glorifica a nuestro favor.**

La secretaria que administraba esa radio, me pidió perdón y en el siguiente viaje que fui a El Salvador, me llevó a predicar a otra radio que ella administraba, luego fuimos al penal de Ciudad Barios, donde repartimos una caja de Biblias, prediqué la Palabra y varios reclusos se convirtieron a Cristo.

Al siguiente día fuimos a recoger las donaciones con el presidente de Sepa y nos la entregaron sin pagar ni un dólar, Gloria a Dios. Como lo declaré asimismo sucedió, por eso creo que lo que declaramos con los labios, se cumple. Nos fuimos ese mismo día para San Miguel a poner toda la ropa por orden de edades y sexo en bolsas plásticas, para ir al siguiente día en la madrugada a San Vicente a repartirla.

Al siguiente día salimos temprano y era sorprendente la devastación en ese lugar, ya que el deslave de piedras había destruido muchas casas, dejando muchos muertos y heridos. Ese deslave pasó en la madrugada, cuando todos estaban dormidos y los agarró de sorpresa. Así será la venida del Señor, cuando menos lo esperemos, dice la Biblia.

Al parquear el vehículo, se comenzaron a amontonar la gente y algunos comenzaron a llorar. Les dijimos que hicieran una línea para hacer las reparticiones, pero que se pusieran primero los que habían perdido familiares y así lo hicieron.

Mi madre se subió atrás en la camioneta y comenzó a predicar, para luego pasar las bolsas con las ropas. Mi pastora tomó seiscientos dólares que habíamos separado para ese lugar y comenzó a repartirlo. Inició repartiendo como cuatrocientos dólares de veinte en veinte, a cada persona se le entregaba el dinero y una bolsa con ropa.

Algo muy curioso ocurrió cuando la pastora repartía el dinero, vinieron varios perros y comenzaron a pelear muy cerca de ella y se llevó tremendo susto, pero la misma gente espantó a los perros y se fueron. Ese día repartimos los seiscientos dólares en billetes de veinte, diez y cinco, como también toda la ropa, calzado y libros, pero las medicinas se las entregamos a un líder comunitario.

Mi madre, que ya está con el Señor, mi pastora, el pastor Walter Ramírez con su esposa y la congregación que pastorean, nos ayudaron muchísimo y les agradezco ese gran trabajo, y también a todas las personas en Estados Unidos que donaron toda esa ayuda. En los viajes siempre dormimos donde Dios nos provee y comemos lo que nos brindan. Recuerdo que en ese viaje mi pastora se enfermó y yo también, pero regresamos más que victoriosos, a Dios toda la Gloria. Gracias a todos los que nos hicieron donaciones, sé que Dios les ha recompensado.

Para el quinto viaje fui a Morazán con un misionero, un adorador, mi coordinador Walter Ramírez y un camarógrafo. Estuvimos tres días en campañas, dos en la cancha de Oxicala y uno en el Parque de San Simón. Dios se glorificó salvando las almas y haciendo milagros. Los hermanos me llevaron a conocer el museo de Berlín, donde conocí la historia de la Guerrilla. Fui también a predicarle a los militares y estuve compartiendo de la Palabra en la iglesia Elim de las Lomitas. Repartimos Biblias en todos esos lugares y lo tengo registrado en vídeos y fotos.

Del sexto viaje, recuerdo que fui con un pastor de New Jersey y con mi madre a una campaña que tenía en Santa Ana. Predicamos varios días y se convirtieron muchas almas para la Gloria de Dios. Luego pasamos a una isla llamada Rancho Viejo en Usulután, en donde prediqué un día y Dios se glorificó fuertemente.

En el séptimo viaje me acompañó otra vez mi madre y un misionero con su niña. Estuvimos en la inauguración de **Casa de Restauración**, en Lourdes Colón departamento de la Libertad. Luego salimos para San Miguel a unas actividades y cuando terminamos el último día, estuve en Rancho Viejo nuevamente repartiendo Biblias, alimento y juguetes para los niños pobres.

A esa actividad nos acompañó hasta el alcalde municipal y muchas almas se convirtieron a Jesús. Gracias a todas aquellas personas que me apoyaron en todos los viajes que hice a El Salvador.

Viajes a Guatemala

El primer viaje y la primera vez que Dios me abría la puerta para ir a Guatemala, fue a Morales Izabal, donde Él se glorificó con gran poder, las almas se convirtieron y estuve repartiendo todas las Biblias que los hermanos enviaron desde Estados Unidos.

En el segundo viaje fui a Sololá Guatemala, donde hacía mucho frío en la noche y estaba minado de muchos brujos. El pastor nos dijo a mí y a mi coordinador de El Salvador, el cual me acompañó, que los brujos habían subido a la montaña del Quiché a hacer ritos para que lloviera y se cancelara la campaña. Increíble que el cielo en el día estaba gris y nublado. Le pregunté al pastor sobre qué íbamos a hacer nosotros y él me contestó que si los brujos subieron la montaña, nosotros teníamos que subir la montaña también, para reprender y ordenarle al cielo que no lloviera durante la campaña, como lo que hizo el profeta Elías, en los tiempos del rey Acab.

Mi coordinador y yo le dijimos que sí estábamos dispuestos a subir la montaña y lo hicimos. El sudor nos corría por todo el cuerpo, pero llegamos arriba. Todavía había rastros de lo que los brujos habían quemado, y nos agarramos de las manos y comenzamos a reprender al diablo y a ordenarle al cielo que no lloviera durante los tres días de campañas.

Impresionante, aunque usted no lo crea, pero no llovió durante la campaña y fue un gran éxito. Lo que si puedo decirle es que nunca había visto tantas liberaciones, como las que Dios hizo en ese lugar, de tal manera que cuando estábamos en el hotel, en la madrugada llegaba el pastor a buscarnos para ir a reprender demonios de algunas personas que estaban poseídas.

Gracias a los hermanos que estuvieron intercediendo fuertemente por nosotros.

En el tercer viaje estuve en San Marcos Malaca-tan, Guatemala, fui con el concilio Bethel, acompañado de varios pastores y hermanos. Dios se glorificó salvando, liberando y haciendo milagros y nos trataron muy bien en esos lugares.

Todos los días comimos sopa de gallina criolla, y ya para regresarnos a Estados Unidos, un pastor me dijo bromeando en el aeropuerto: *"Hermano Manuel le invito otra sopa de gallina aquí"*, yo le dije que no quería ver más sopa de gallina por lo menos en un mes, él solo se reía a carcajadas. Fueron experiencias lindas que vivimos en los tres viajes que hice a Guatemala. Gracias a todos por sus oraciones.

VIAJES A HONDURAS

En mi primer viaje cuando Dios me llevó a Honduras, estuve en Danlí el Paraíso. Fueron tres días de campaña dentro de una cárcel, donde me acompañó mi coordinador de El Salvador y un miembro de la iglesia que él pastoreaba.

La misión que llevaba, era darle comida a aproximadamente cuatrocientos cincuenta reclusos durante tres días, y regalarles Biblias, himnarios y predicar la Palabra de Dios. Cumplimos la misión y muchos reclusos se convirtieron a Cristo.

Durante el segundo viaje la misión era predicar una campaña de dos días al aire libre, en la Rivera Hernández, San Pedro Sula, otros dos días en Morazan Yoro y dos días más en Miraflores. El coordinador me dijo que en la Rivera Hernández era donde estaban los sicarios más peligrosos de Honduras, así que me preguntó si yo estaba dispuesto a predicar en ese lugar, le respondí que yo había predicado donde hay pandilleros, brujos, narcotraficantes y dentro de muchas cárceles, si Dios ya me había guardado, me iba a proteger en la Rivera Hernández también.

Lo que si puedo decirle es que nunca había visto tantas liberaciones, como las que Dios hizo en Guatemala.

Muchos predicadores no quieren ir a esos lugares, mas si se trata de ir a sembrar, por el contrario, solo quieren ir a donde hay hoteles cinco estrellas, restaurantes de primera clase para pedir langosta y bistec y donde les den miles de dólares de ofrenda. Gracias a Dios prediqué los tres días de campaña y Dios salvó muchas almas e hizo muchos milagros.

Luego salimos para Morazan Yoro a la otra campaña al aire libre. Yo había llevado un micrófono profesional que costó ochocientos dólares, el cual me lo había sembrado una sierva en Maryland, Estados Unidos.

En esa campaña se me quemó el micrófono, pero eso no fue impedimento para que las almas se convirtieran a Cristo que es lo más importante. Al siguiente día salimos para Miraflores y en plena campaña se armó un tiroteo, pero Dios nos guardó y nos dio la victoria en ese país y vimos la Gloria de Dios. Agradezco a todos los que me apoyaron en los dos viajes y también sus oraciones.

Viajes a República Dominicana

Desde que vine a Estados Unidos he viajado cinco veces a mi país República Dominicana. Aunque la mayoría han sido viajes familiares, hemos hecho la obra de Dios en diferentes lugares del país. Recuerdo que en uno de esos viajes, me acompañó el pastor que tenía en ese entonces y estando en mi pueblo Miches, nos dijo el pastor de ese pueblo, que donde se iba a ser la campaña no habían sillas, porque dos ladrones se habían robado todas las sillas de la iglesia.

Cuando íbamos subiendo la loma donde se encontraba la iglesia, vimos a un muchacho que venía bajando, el pastor nos dijo que ese era uno de los dos ladrones que habían cometido el robo. En ese momento pensé "Gracias Señor por ponérmelo de frente", y lo detuve. Enseguida le dije: *"joven más tarde tendremos un culto en la iglesia de la loma"*, él sabía que de ahí se había llevado las sillas. Me dijo que no había comido nada y que si le daban algo, prometía llegar a ese lugar. Le di unos cuantos dólares, le dije que comiera y luego que llegara a la actividad. Para mi sorpresa, uno de los primeros que llegó fue ese joven y le dimos la bienvenida.

Predicó el pastor que me acompañaba y después hizo el llamado, y el primero en levantar la mano fue ese joven, el cual dijo que era el ladrón más grande de la loma y que se quería arrepentir para que la policía no lo matara. Entregó su vida al Señor y le dijo al pastor de la iglesia que devolvería las sillas que se había robado.

En el último viaje a República Dominicana, llevaba como misión ir a la cárcel de Najallo a predicar, regalar Biblias y libros a los presos, y de ir a Haití a llevar juguetes y comida a ciento cuarenta niños pobres y huérfanos que tenemos en Alsapitre en un orfanato.

Ese orfanato lo mantiene la iglesia pentecostal Una Luz en el Desierto, donde persevero. Fui solo a ese viaje y renté un vehículo para poder ir a los lugares. Para ir a la cárcel de Najallo, me tuvo que acompañar un evangelista amigo mio con el cual había hecho la conexión. Como yo siempre grabo todos los viajes misioneros y tomo fotos para mostrarle a las personas que me ayudan, saqué mi cámara afuera de la cárcel e iba grabando, cuando de repente un guardia sacó una metralleta y nos apuntó con intención de dispararnos, enseguida detuve el vehículo.

Mi compañero le preguntó al guardia si pasaba algo, el guardia le preguntó que quienes éramos nosotros, el evangelista le dijo que éramos misioneros cristianos. El Guardia le dijo que si no nos hubiésemos detenido, él iba a dispararnos, porque era prohibido grabar sin autorización, ya que hay presos muy peligrosos y muchos narco presos. Tuve miedo que nos confiscaran la cámara e inmediatamente la guardé y le dijimos que nos disculpara, porque no sabíamos que eso era prohibido. Fuimos a parquear el vehículo y no me dejaban entrar, porque no tenía la cédula dominicana, yo le expliqué que era ciudadano americano y que no estaba viviendo en Republica Dominicana.

Me dijeron que si yo era dominicano también, tenía que tener la cédula y por más que le expliqué que no estaba viviendo en República Dominicana, me dijeron que no entraría. Mandamos a buscar al director de la cárcel y le expliqué que era misionero y quería predicarles a los reos, darles Biblias y libros y él si nos dejó entrar. Inmediatamente el evangelista me presentó con uno de los pastores amigos de él que pastorea dentro de la cárcel, y les entregamos las Biblias y los libros que llevamos. Prediqué en el culto y se convirtieron siete presos, el número de la perfección.

VIAJE A HAITI

En ese viaje a Haiti estuvimos regalando juguetes a los niños del horfanatorio y repartiendo comida. Al regresar estaba lloviendo y tuvimos un accidente que casi se voltea el vehiculo, pero Dios nos guardó.

VIAJE A MÉXICO

Recuerdo que cuando viajé al país de México me acompañó mi primera niña, mas que todo fue un viaje familiar, pero me invitaron a predicar a una ciudad llamada Veracruz a ocho horas de la capital. Prediqué en ese lugar y se convirtieron ocho personas incluyendo mi suegra, para mí fue un milagro grande que mi suegra se haya convertido.

VIAJE A ARGENTINA

El viaje más largo que he tenido en el ministerio ha sido cuando estuve en Rosario, Argentina. Algo que me impactó de ese país, es que después de predicar, hacía un solo llamado y las almas pasaban a recibir al Señor y también oraba por ellos para que recibieran milagros. Es muy diferente a varios países, donde los ujieres tienen que insistirles a las personas para que reciban al Señor.

VIAJE A PUERTO RICO

Recuerdo que en ese viaje me acompañó un pastor y varias personas más donde estuve predicando. Fueron tres días de campaña en Río Piedras, las almas se convirtieron y Dios se glorificó. También fuimos a Camuy a conocer el ministerio Cristo Viene y la cadena del milagro del evangelista Yiye Ávila. Allí pudimos compartir con mi madre que en ese momento vivía en ese país.

EL GOLPE MÁS DURO EN EL MINISTERIO Y EN MI VIDA

Mi madre Dignora Amparo era mi compañera de milicia en muchos países y viajes, también era la persona que más oraba por mi ministerio. Ella me había dicho en dos ocasiones que le estaba orando a Dios para que Él se la llevara y las dos veces yo la reprendí.

Le decía que nosotros la necesitábamos, y que ella era de gran ayuda al ministerio. Ella me respondía que se sentía muy cansada y que ya nos había traído a Estados Unidos, que lo que iba a hacer, ya lo había hecho. Ella estaba orando a Dios para tomar una decisión de irse de Maryland y me pidió un consejo, mi respuesta fue que donde mi hermana Inés estaría mejor.

Ella me escuchó y se fue a vivir a West Virginia donde mi hermana y luego empezó a trabajar con un ministerio americano. Donde quiera que ella llegaba, empezaba a ganar almas y estando en ese lugar comenzó a pastorear un grupo de hispanos. Ya llevaba varios meses de estar pastoreando, cuando el Señor la llamó a su presencia, fue el día 27 de abril del 2014. Esa madrugada me encontraba en New Jersey, cuando recibí una llamada diciéndome que ella estaba grave, como a la hora me dieron la noticia que había fallecido.

Arranqué inmediatamente para Maryland, pero casi no podía manejar. Mi hermana Inés me preguntaba llorando, *"¿por qué Dios se la llevó, si Él la mandó a pastorear una iglesia a West Virginia?"* Y a mi no me salían palabras. Al día siguiente me puse a orar en la madrugada y solo lloraba en la presencia de Dios. Él comenzó a ministrarme unas palabras, donde me decía que no lo cuestionáramos, ni le preguntáramos por qué Él se la había llevado.

Esas palabras me confortaron y se las declaré a mi hermana Inés. Ella comenzó a testificarme que en la casa ella se le desmayó y llamaron la ambulancia, luego que la llevaban al hospital, le dio un infarto, y enseguida detuvieron la ambulancia y llamaron otra con más equipos y al llegar la otra ambulancia la pudieron revivir.

Ella solo decía que la dejaran ir con su Señor, que estaba lista para ese encuentro. Siguieron para el hospital y cuando llegaron, ella le dijo a mi hermana que ya se iba con el Señor, mi hermana le dijo que no se fuera, que la necesitábamos y ella le decía a los médicos que la dejarán ir y se fue con el Señor.

Donde quiera que ella llegaba, empezaba a ganar almas y estando en ese lugar comenzó a pastorear un grupo de hispanos.

Inmediatamente me reuní con la familia, para hacer los servicios fúnebres y le agradezco a toda mi familia, la iglesia y amistades que me ayudaron con todos los gastos fúnebres. Mi madre era muy querida y conocida en el estado de Maryland y yo por igual en muchos estados. Vinieron de muchas partes familiares y amistades, inclusive de Puerto Rico. El apoyo y respaldo que recibimos fue impresionante y decidimos enterrarla en uno de los cementerios de Maryland, ya que casi toda nuestra familia está aquí. Siempre la voy a extrañar y tengo la certeza que un día la veré nuevamente.

Ella fue de gran ejemplo para miles de personas y para mí en particular, ella era una mujer de mucha oración, Dios le mostraba muchas visiones y era profetiza.

EL SEGUNDO GOLPE FUERTE EN MI VIDA

El día 3 de marzo del 2015 había caído hielo frisado en el estado de Maryland y recuerdo que era un martes. Cuando llegó la hora de salir para la iglesia nos fuimos con mucho cuidado y al regresar, estaba todo congelado. Le dije a mi esposa que agarrara las dos niñas más grandes y yo agarraría la más pequeña.

Veníamos caminando por la acera muy despacio, cuando llegamos cerca de la grada de concreto, me resbalé con la niña pequeña y nos caímos. A ella no le pasó nada, pero mi pie derecho chocó con el concreto y se me torció. Le dije a mi esposa que se me había quebrado el pie y ella me dijo que no era cierto. Le insistí que lo tenía quebrado, y estando en el suelo salieron dos vecinas americanas, nos preguntaron que si podían llamar una ambulancia y les dijimos que sí, ellas lo hicieron. Mi esposa me recomendó que me quedara en el piso esperando a que llegara la ambulancia, le dije que no podía ya que estaba haciendo demasiado frío, que mejor me ayudara a levantarme. Me ayudó y dando brincos pude entrar al apartamento y me acosté en un mueble. No se si eran los nervios, pero todo mi cuerpo temblaba de arriba abajo, aunque nunca lloré del dolor en todo ese proceso, ni mucho menos me he quejé para nada.

Inmediatamente que pasó ese accidente, entendí que era permitido por Dios, para entrar en un proceso. Me sentía demasiado cansado del trabajo y de tantas campañas. Trabajaba de lunes a viernes, cultos en la iglesia durante la semana, estudiando en la universidad, dando estudios en la iglesia, todos los fines de semanas predicando en diferentes eventos. Los únicos días libres eran los lunes y miércoles en las noches, y eran los días que salía con la familia.

Prácticamente no tenía descanso, sólo estaba durmiendo como cinco horas diarias. Hubieron ocasiones donde manejando en los semáforos me quedaba dormido y mi esposa tocándome me decía que despertara. Aun orando era tanto el cansancio, que a veces me quedaba dormido y no me avergüenzo de contar mi experiencia, porque sé que muchos ministros han pasado por esto o están pasando en este momento y se van a identificar conmigo.

A algunos hermanos y a mis pastores, yo les había dicho que necesitaba un buen descanso, porque me sentía agotado e incluso les había dicho que estaba a punto de dejar el trabajo secular, para dedicarme a tiempo completo al ministerio. Por eso yo sabía que era un plan de Dios lo que me había sucedido, de hecho algunos hermanos me dijeron que ahora si tenía que tomar un descanso obligatorio.

Cuando la ambulancia llegó a buscarme, tuvieron que tirar bastante sal, para poderme sacar del apartamento, porque no había nada de sal antes que ellos llegarán, ni habían limpiado. Bajaron algunas vecinas y vinieron varios hermanos de la iglesia incluyendo mi pastor, y los paramédicos me sacaron y me subieron a la ambulancia. Me llevaron al hospital y me tomaron una placa, dijeron que mi pie estaba dislocado y tenía dos fracturas. Esa noche solo me anestesiaron y me enderezaron el pie y como estaba muy inflamado me enviaron para la casa.

Me dieron unos números para que llamara e hiciera una cita para la operación. Recuerdo que tenía la agenda llena y tuve que cancelar cuatro meses de actividades, incluyendo el viaje que tenía a El Salvador esa siguiente semana. Pude conseguir una clínica y en dos semanas me hicieron una operación, donde me pusieron ocho tornillos y una platina.

Mi pastor declaró una Palabra de parte de Dios, donde me decía que había llegado el tiempo de cosechar un poco de lo que habría sembrado en las naciones por más de diez años. Tomé esa palabra y Dios comenzó a tocar su pueblo y comenzaron a visitarme y a traerme compras, ofrendas y oración a mi hogar.

Un pastor muy amigo mío de Virginia me dijo: *"Ministro me reuní con los líderes y le vamos a pagar un mes de renta"*, y me depositó mil quinientos dólares. Otra hermana de una iglesia en Washington D.C, Dios le habló y le dijo que viniera a traerme una ofrenda, y ella le dijo al Señor que me iba a llevar cien dólares, el Señor le respondió que no era esa cantidad, entonces ella se propuso traerme todo el cheque, pero nuevamente el Señor le dijo que no era el cheque, sino que me trajera mil dólares e inmediatamente vino a dejármelo. ¡Gloria a Dios!

Mi pastor me dijo que haría un evento para bendecirme con los pastores amigos míos. Efectivamente así lo hicieron en Virginia, donde me bendijeron con alrededor de cinco mil dólares. Dios ha sido demasiado bueno y nada nos ha faltado hasta hoy. Gracias a todos los que trabajaron en ese evento y aportaron. A todos los que vinieron a visitarme y a bendecirme, Dios les recompensará en gran manera. Desde hacía tres años quería escribir este libro y nunca tenía tiempo para hacerlo, pero cuando caí en este proceso dije estas palabras: *"se llegó el tiempo de escribir mi libro y de esto negativo, sacaré algo positivo".*

En un periodo de cuatro meses terminé mi libro, escribiendo de día y de noche y hasta en la madrugada. Querer es poder y me he determinado que lo que me proponga, tengo que hacerlo y lo que empiezo, tengo que terminarlo. Este es el primero de una serie de libros que seguiré escribiendo para la Gloria de Dios y la edificación de muchas personas.

Ya decidí dedicarme a tiempo completo al ministerio y sé que si en esos 6 meses nada me faltó, jamás me faltará trabajando sólo para Dios y su bendito pueblo. Tengo muchas invitaciones para muchas naciones y sé que en el nombre de Jesús lo lograré. Al principio de este proceso mi esposa estaba muy preocupada sobre como íbamos a hacer para salir adelante, y Dios puso una gran paz en mi corazón y le dije que Dios es Jehová Jireh, nuestro proveedor.

Capítulo

7

Consejos para los que tienen un llamado

Todos los hombres y mujeres de Dios que han marcado la historia, han sido personas de mucha oración y entiendo que es una lucha y batalla con la carne, pero tenemos que vencer. También cuando oramos en lo secreto, Dios nos recompensa en público.

TENEMOS QUE TENER UNA VIDA DE ORACIÓN

Todos los cristianos tenemos que tener una relación con Dios. Oración es hablar con Dios y recuerdo que recién convertido, leí la escritura donde decía que Jesús les dijo a los discípulos que no habían podido orar ni tan siquiera una hora; en lo poco que sé, entendí que lo mínimo que Dios exige es una hora de oración y empecé a orar una hora diaria.

Un día comencé a descuidarme y Dios me reprendió dos veces diciéndome que yo hablaba más con mis amigos que con Él, y que pasaba más tiempo en las redes sociales que en su presencia. Ese es uno de los problemas que nos ataca a todos los que tenemos un llamado o ministerio. El diablo sabe que si logra que nos descuidemos en la oración, fácilmente puede derribarnos y seremos cristianos esqueléticos. Lo más terrible es predicar sin respaldo de Dios, a mi me ha sucedido y se siente uno como metal que resuena o símbolo que retiñe. Pero cuando estamos llenos de Dios, sentimos su respaldo y Dios hace liberaciones, sanidades, milagros y las almas se convierten. ¿Queremos que Dios nos use? Tenemos que orar. ¿Queremos tener ministerio? Tenemos que pagar el precio. Es muy lindo ver como Dios usa a muchos siervos levantando paralíticos, muertos y salvando multitudes, pero muchas veces no sabemos todas las horas que esos hombres y mujeres pasan de rodillas para que Dios los use de esa manera. Si queremos lo que ellos tienen, tenemos que buscar a Dios, como ellos lo buscan.

En una madrugada le dije a Dios orando: *"Estoy cansado de ver como usas a otros evangelistas, estoy cansado de ver como llaman gente por nombres, levantan paralíticos, ven visiones, alargan manos, pies, etc. Ya me cansé de todo eso", le dije, "yo quiero experimentarlo en mi vida y que me uses en esos niveles".*

Dios me ha usado en muchos milagros, liberaciones y salvando multitudes, pero quiero más de su Gloria, estoy hambriento de su presencia. A través de este libro quiero tratar de despertar a muchos del letargo espiritual que a veces se encuentran y poderlo llevar a otro nivel de Gloria y lograr hacerle entender que para obtener grandes victorias, tenemos que pelear de rodillas.

Todos los hombres y mujeres de Dios que han marcado la historia, han sido personas de mucha oración y entiendo que es una lucha y batalla con la carne, pero tenemos que vencer. También cuando oramos en lo secreto, Dios nos recompensa en público. Una Reina de Inglaterra dijo en una ocasión: *"Le temo más a un hombre orando que a un ejército andando..."*

TENEMOS QUE SER PERSONAS DE MUCHO AYUNO

El ayuno es abstenerse de alimentos por algunas horas, días, o semanas. Los ayunos más largos que se han visto bíblicamente son de cuarenta días y cuarenta noches. Vemos que Moisés, Elías y Jesús lo hicieron. ¿Para qué sirve el ayuno? El ayuno sirve para romper cadenas, ligaduras, ataduras y quebrantar los yugos.

También para matar los deseos carnales y fortalecer el espíritu. Cuando queremos algo de parte de Dios es necesario ayunar, por eso cuando tenemos problemas es importante presentárselos a Dios en ayuno y oración. Para los que están empezando en el camino de Dios deben de empezar poco a poco, por ejemplo no comer nada hasta las doce del medio día y hacerlo varias veces hasta que el cuerpo se vaya acostumbrando.

Luego ir subiendo las horas hasta las dos, cuatro, seis de la tarde, un día entero, dos días, tres días y pedirle a Dios dirección de cuánto tiempo Él nos pide. Nunca vaya a hacer ayunos muy largos si Dios no se los pide o lo dirige. He visto casos de personas que se han metido a hacer ayunos deliberadamente sin Dios mandarlos, y han terminado con problemas mentales. Tenemos que pedirle a Dios sabiduría y que nos muestre porque vamos a ayunar.

He visto casos de personas que ayunan para competir con otros. Otros que lo hacen porque alguien los obliga. Creo que los ayunos hay que hacerlos voluntarios y nunca para competir con nadie, total Dios sabe si lo estamos haciendo de corazón para agradarle a Él. Dice la Biblia que Jesús fue llevado por el Espíritu al desierto, para ser tentado por el diablo.

Que lindo que sea el Espíritu que nos guíe a ayunar para vencer las tentaciones del enemigo. Tampoco debemos ayunar por vanagloria, Dios sabe si lo hacemos o no y Él es quien nos dará su respaldo. Hay personas que no les gusta ayunar cuando están trabajando y yo entiendo que es incómodo y desgastante, pero a mí me tocó ayunar muchas veces en mi trabajo y aún mis compañeros decían que yo era diferente a los otros cristianos, porque durante la semana ayunaba varios días.

Cuántas personas me he encontrado que quieren que Dios los use, pero no les gusta ayunar. El Señor mismo dijo que nos había dado ejemplo para que como Él hizo, nosotros también hagamos. Muchas personas me han preguntado que si se puede tomar agua en el ayuno y mi repuesta siempre ha sido que sí.

El agua en ningún momento rompe el ayuno por el contrario, medicamente es necesaria para los riñones y el cuerpo en general.

TENEMOS QUE ESTUDIAR LA BIBLIA

La Biblia es el libro de Dios y como tal si queremos conocer a Dios a profundidad, tenemos que escudriñar las escrituras. Mientras más leamos la Biblia más vamos a aprender. Conozco pastores que están en contra de los institutos bíblicos, seminarios y las universidades teológicas, y hasta dicen que esos programas son del diablo y que lo que el cristiano necesita es la unción de Dios.

Quiero decirle que la unción es buena, pero tiene que ir acompañada con el conocimiento de la Palabra. Cuando alguien tiene unción y Palabra, es una explosión para Satanás. Creo que las dos herramientas son muy importantes y una no puede menospreciar la otra.

Conozco evangelistas que tienen una unción sobrenatural, pero predicando son un desastre y otros que son demasiados preparados en la Palabra, pero están más secos que las siete vacas flacas que vio el faraón.

Cuando vine a Estados Unidos, lo primero que hice fue inscribirme en el instituto bíblico, donde estudié tres años. También estudié cinematografía y teatro para actuar en películas y obras de teatro cristianas. Hice una licenciatura en teología y quiero seguir con la maestría, hasta llegar al doctorado. Mi meta es poder llevar el evangelio a los gobernadores, mandatarios, universitarios, deportistas y toda clase de personas. Casi nunca se van a detener los profesionales a escucharnos sino estamos al nivel de ellos.

Por eso si usted siente que Dios lo quiere usar, póngase a estudiar y si lo está haciendo, siga hasta que se haya preparado. Muchas veces estudiando solo la Biblia, no vamos a entender muchas cosas, por lo cual tenemos que leer otros libros y textos auxiliares que nos ayuden a hacer exégesis de la misma Palabra. En Estados Unidos tenemos hasta cuatro, cinco, y seis Biblias y a veces no las leemos, porque estamos tan ocupados que sólo nos acordamos de leerlas cuando estamos en el culto.

El agua en ningún momento rompe el ayuno por el contrario, medicamente es necesaria para los riñones y el cuerpo en general.

La Biblia es como el alimento, que si no comemos nos debilitamos y así mismo es cuando no nos nutrimos de ella, nos sentimos débiles espiritualmente hablando.

Ahora mismo estamos viviendo tiempos donde la nueva generación nos está demandando una palabra profunda, ya que los brincos son buenos, pero no cambian, correr bajo la unción es bueno pero no transforman, lo que cambia al ser humano es la Palabra, porque la Palabra de Dios es viva y eficaz, y más cortante que toda espada de dos filos; y penetra hasta partir el alma y el espíritu, las coyunturas y los tuétanos, y discierne los pensamientos y las intenciones del corazón. *(Hebreos 4:12).*

*"Lámpara es a mis pies tu Palabra, Y lumbrera a mi camino". (Salmos 119:105). "¿Con qué limpiará el joven su camino? Con guardar tu **Palabra**", (Salmos 119:9)*

"Por cuanto has guardado la palabra de mi paciencia, yo también te guardaré de la hora de la prueba que ha de venir sobre el mundo entero, para probar a los que moran sobre la tierra. He aquí, yo vengo pronto; retén lo que tienes, para que ninguno tome tu corona". (Apocalipsis 3: 10-11).

El conocer más la Palabra, nos ayudará a vencer al enemigo y el mayor ejemplo lo dio Cristo, cuando venció al diablo con la Palabra en el desierto. Cuando en el pueblo de Dios no hay personas preparadas o capacitadas, es muy difícil que esa congregación crezca.

Jamás Dios le entregará un camión a alguien para manejarlo, cuando lo único que ha montado es un burro o una bicicleta, ni tampoco lo pondrá a manejar un trailer, cuando lo único que ha manejado es una moto. Para darle el camión o el trailer, primero lo va a entrenar y capacitar, para que no cometa un desastre en la carretera. Así mismo es en lo espiritual, si no nos preparamos, jamás podremos tener un ministerio, grandioso.

Hay quienes se agarran de lo que dijo Pablo *"que la mucha letra mata"* para no estudiar y le digo algo, que si va a estudiar para enfermarse o dañarse, mejor quédese así, porque he visto gente que después que se preparan, creen que lo saben todo y el orgullo se le va a la cabeza, de tal manera que se enferman espiritualmente hablando. Pero si usted no quiere estudiar por pereza, la Biblia nos habla muy fuerte a todos nosotros, cuando dice: *"Mi pueblo fue destruido, porque le faltó conocimiento. Por cuanto desechaste el conocimiento, yo te echaré del sacerdocio; y porque olvidaste la ley de tu Dios, también yo me olvidaré de tus hijos",* **(Oseas 4:6).**

TENEMOS QUE VIGILAR

La Biblia dice que Jesús pasaba noches enteras vigilando, ¿por qué son tan importantes las vigilias? Porque uno esta sacrificando la carne y el sueño para recibir más poder de Dios. En las madrugadas son los mejores momentos para tener experiencias con Dios. En el silencio de la noche, se siente algo tan especial, para estar en comunión con Dios y aun cuando nos levantamos, Dios nos quita esas ojeras.

En mi país la vigilia se hace hasta que amanece y Dios hace tantos milagros que muchas veces ni queremos que se termine. También las vigilias las podemos hacer solo con Dios o con varias personas. En una vigilia fue que Dios me dio el don de lenguas, aunque fue trabajando en el templo esa noche. Puedo observar que a mucha gente no le gusta vigilar en estos tiempos, sin embargo cuando no eran cristianos duraban hasta las tres de la mañana metidos en una discoteca o en lugares de perdición, más ahora en Cristo es una batalla para poder vigilar. Si queremos que Dios nos use más, tenemos que vigilar más. Hay quienes tienen miedo de vigilar en la noche y la Biblia dice que el perfecto amor echa fuera el temor. También la palabra ¡No temas! Aparece trecientas sesenta y cinco veces en la Biblia y el año tiene 365 días, dando a entender que todos los días Dios nos dice la misma palabra, "¡No tengas miedo!".

TENEMOS QUE SER HUMILDES Y SOMETERNOS

En cierta oportunidad se me acercó uno de los líderes de la congregación donde asisto y me preguntó: *"¿Cuál es la clave para que usted tenga la agenda llena todos los fines de semanas en el área, diferentes Estados y muchos países?"* Yo le contesté que la clave era sencilla y la resumía en dos palabras: *"Humildad y sometimiento".* Le dije que cualquier persona que quisiera llegar lejos en el ministerio, tenía que ser humilde y someterse a la Palabra de Dios y a su pastor, porque eso era lo que a mi me había ayudado a que Dios me abriera tantas puertas.

Algo que siempre acostumbro después de las campañas, es saludar a los hermanos y hablar con ellos, de hecho muchos me han dicho que soy diferente a muchos ministros, ya que existen predicadores que después de dar su sermón, no les gusta saludar a nadie, ni hablar con la gente que no conocen. Otros llevan hasta guardaespaldas y después del servicio, lo sacan por otra puerta.

A los pastores que llegan a mis eventos, siempre les regalo uno o varios vídeos, a las personas que no tienen para comprar los vídeos se los regalo, y así soy yo. Gracias a Dios por haberme puesto en gracia con los pastores y soy de los pocos predicadores que les llamo a los pastores para saludarlos, no como muchos que solo llaman cuando necesitan ir a predicar. Hoy en día en mi área trabajo con más de cien pastores y eso me ha ayudado a coordinarle a muchos ministerios que vienen a bendecir mi ciudad. Con mi pastor trabajo muy de cerca y siempre que tengo campañas, él ora por mi para que Dios me respalde. Siempre doy mis diezmo y soy ejemplo para muchos ministerios.

Otra de las cualidades que me hace diferente, es que siempre estoy ayudando a otros a crecer en su ministerio. Muchos pastores que me llaman por primera vez para predicar, me preguntan dónde me congrego y piden el número telefónico de mi pastor para llamarle. Yo eso lo veo excelente y creo que sería bueno que todos los pastores que vayan a invitar a un ministro, primero hablen con su pastor para confirmar si esa persona se congrega, diezma y da frutos.

Yo conozco algunos "Evange-listos" que no tienen pastor, ni se congregan y andan predicando. Pastores cuiden el púlpito de esos lobos vestidos de ovejas. Otra pregunta que me hacen los pastores cuando me llaman es, ¿Cuánto cobro por predicar? Mi respuesta es que Cristo nunca le cobró a nadie, ni por predicar, ni por un milagro, ni mucho menos por una profecía.

Muchos han convertido el evangelio, como en un negocio secular y en lo personal les digo que yo no cobro por predicar la Palabra de Dios y le digo a Dios que me guarde de caer en eso. Lógico, le explicó a los pastores que tienen que bendecir bien nuestro ministerio, ya que también hay muchos pastores vividores que hasta levantan grandes ofrendas en nombre de los predicadores y les dan cien o doscientos dólares y lo demás ellos se lo roban, por lo que le tendrán que dar cuenta a Dios en aquel día.

Las congregaciones deben saber honrar a los hombres de Dios, para que los predicadores no les pongan tarifas. Yo sé que muchos predicadores han caído en eso, porque han sido tantas las veces que han abusado de ellos que ya se cansaron y los entiendo, porque yo he pasado por eso, por lo que le pido a Dios que me ayude a guardarme y me bendiga en otros lugares.

Es muy importante que cada predicador tenga su propio micrófono personal, ya que como nuestro oficio nos demanda mucho, tenemos que cuidarnos la garganta de cualquier infección. Una vez tenía unas actividades en North Carolina y la tuve que cancelar, porque había estado ministrando en diferentes iglesias y en una de ellas, había un micrófono contaminado y me infecté la garganta de tal modo que casi no podía hablar.

Tenemos que vencer el celo ministerial

Todos los predicadores pasamos casi lo mismo al principio del ministerio, donde encontramos una cantidad de personas que no creen en nuestro llamado. Yo he aprendido que no tenemos que convencer a nadie de ello, solo a nosotros mismos, porque si estamos convencidos de quienes somos y quien fue el que nos llamó, nadie nos podrá detener.

Yo conozco algunos "Evange-listos" que no tienen pastor, ni se congregan y andan predicando. Pastores cuiden el púlpito de esos lobos vestidos de ovejas.

Encontré muchas personas que no creyeron en mí, me hicieron la guerra aun en la misma iglesia, me tildaron de orgulloso y santurrón. Se cuenta una historia de una anciana que tenía un burro el cual había trabajado para ella quince años cargándola a ella, cargando leñas y víveres. Un día de madrugada iban para el campo y como estaba algo oscuro, el burro se le fue a un hoyo muy profundo y la anciana no lo podía sacar.

Ella agradeció al burro por todo el tiempo que le sirvió y le dijo que tendría que dejarlo en ese hoyo. El burro le dijo con sus ojos, que no lo dejara en ese hoyo. Ella buscó dos hombres a los cuales les pagó para que le echaran tierra al burro con palas y quedara sepultado. Ellos comenzaron su tarea y cuando la tierra le llegó al cuello, el burro se sacudió, la tierra bajó y el burro subió, la anciana les decía que le tiraran más tierra al burro y ellos seguían haciéndolo, pero el burro se sacudía más y la tierra bajaba y el burro subía, hasta que llegó arriba y dio un salto y salió del hoyo.

De igual manera hay muchas personas que quieren enterrar nuestro ministerio y sepultarnos, pero seguiremos sacudiendo las naciones y los estados en el nombre de Jesús y toda la tierra sabrá que de Dios es poder. A mi me quisieron hacer pedazos, pero ya llevo más de once años en el ministerio y puedo decir Ebenezer, hasta aquí me ha ayudado Jehová y me seguirá ayudando.

Recuerdo que Dios me empezó a dar sueños liberando personas de demonios y entendí que Dios me quería usar fuertemente en ese ministerio. Leí dos libros de liberación que me ayudaron muchísimo. Le oraba a Dios que el día que me usara en liberación, me protegiera y que no me diera miedo.

La primera vez que Dios me usó en liberación, recuerdo que estaba predicando en un hogar de restauración bajo la presencia de Dios y había un hombre sentado por las sillas del medio, y al principio yo había dicho que habían dos personas que Dios le daría una experiencia esa noche. Cuando terminé de predicar le hice el llamado a ese hombre y no quería pasar, pero alguien lo invitó y comencé a orar por él.

Le dije que mencionara el nombre de Jesús y no podía. El Señor me hizo sentir que estaba endemoniado y comencé a reprender. Él me dijo que no lo mirara, porque mi mirada era muy fuerte, yo le respondí que lo que sucedía era, que cuando él me miraba, no me veía a mí, sino al Señor a través de mí. Me dijo que él conocía de Nostradamus, Aristóteles y otros filósofos, yo le dije que no me importaba lo que sabía, que lo que tenía que saber era de la Biblia.

Le dije a los hermanos que nos uniéramos para reprender esos demonios y comenzó a volteársele los ojos y lo reprendimos. Inmediatamente dio un salto y se me paró frente a mí y me dijo que me podía ver, yo le dije que Cristo lo había libertado.

Él me contestó que el diablo lo había enviado esa noche, para cuando yo estuviera predicando ponerse de pie y hacer un debate conmigo, pero que cuando él trató de levantarse sintió que un personaje lo agarró y no lo dejaba moverse y que trató de mirarme y vio un resplandor de luz que no lo dejaba levantar la mirada.

Ese era su propósito, pero el carpintero de Nazaret lo había derrotado. Hice la oración y se reconcilió con Dios. Desde ese día Dios comenzó a usarme en muchas liberaciones en distintos lugares.

Una de las más fuertes experiencias la tengo grabada, y es de una mujer que iba a la iglesia, pero llevaba una doble vida. Cuando se le manifestaron los demonios, el mismo Satanás me habló a través de ella y comenzó una batalla de media hora.

Muchas personas no resistieron y se fueron, y todo lo que ella hacía lo dijo el demonio. Gracias a Dios fue libre, pero ese video ha sido uno de los más impactantes de nuestro ministerio. Dios me ha abierto varias puertas en muchos lugares y han visto ese video. Si usted tiene un llamado o ministerio y Dios le ha empezado a usar, no les tenga miedo a los demonios, porque mayor es el que está con nosotros, que el que está en contra.

Otro consejo que les doy a los evangelistas, es de no poner tanta publicidad en las redes sociales de las actividades que tienen, ya que hay muchos que están siguiendo nuestros ministerios para quitarnos las campañas y a veces hasta llaman a los números que aparecen allí y nos indisponen para que les den las actividades a ellos. Eso es terrible como se ha metido esa malicia en el pueblo de Dios, hasta les llaman pastores y se hacen pasar por amigos nuestros, para conseguir predicas.

Son personas vividoras que no oran, ni ayunan para que Dios les habra puertas y quieren a cualquier costo estar predicando, sin importarles a quienes pueden hacerle daño o destruirlo. Para levantar un ministerio, cualquier persona lo puede hacer, pero mantenerlo por muchos años, son pocos los que lo logramos.

Dediquemos tiempo a la familia

"¿Pues el que no sabe gobernar su propia casa, ¿cómo cuidará de la iglesia de Dios?", (1 Timoteo 3:5).

A Dios siempre le ha gustado que seamos orde-nados en todo y ha establecido un orden en su Pa-labra. En primer lugar se encuentra Dios, en segundo lugar la familia y en tercer lugar el minis-terio. Una de las razones por la cual muchos minis-terios han fracasado, es porque no han sabido entender este orden y han puesto al ministerio de segundo y a la familia en tercer lugar.

Cuando hacemos eso, le quitamos el tiempo a la esposa y a los hijos y se lo dedicamos al ministerio o a atender otras necesidades. Un pastor tenía va-rios hijos y todos los días era solo iglesia y visitar a otras familias con problemas; cuando los hijos cre-cieron no quisieron congregarse y él les preguntó por qué no querían ir más a la iglesia, ellos le res-pondieron que la razón era porque nunca tuvo tiempo para ellos y que otras familias fueron más importantes que la suya misma. Es duro escuchar esto, pero es la realidad de miles de ministros que hoy día lloran y quisieran devolver el tiempo para reparar el daño emocional que le causaron a sus hijos. Muchos ministros con hijos que nacieron en el evangelio, hoy en día están descarriados, en dro-gas, pandillas, prostitución, satanismo, alcoholismo, etc, y no quieren regresar a Dios, porque dicen que Dios les quitó a su papá.

Todo eso fue provocado por la razón, que no les dedicaron tiempo a ellos, nunca jugaron con ellos en la niñez, porque para ellos todo era pecado. Aun-que quiero aclarar que conozco muchos ministros que gracias a Dios han cuidado de su familia y han sido muy exitosos.

Mis tres niñas las tengo pequeñas ahora y no quisiera que cuando crezcan me vayan a decir que nunca les dediqué tiempo, por estar sólo en el ministerio o en la iglesia, por eso las disfruto al máximo, juntamente con mi esposa, dedicándole calidad de tiempo y tomando nuestras vacaciones, jugando en los parques y haciendo actividades deportivas.

Les aconsejo a todos los ministros, que le den a su familia el lugar que les corresponde y la disfruten al máximo, si es que están a tiempo, no vaya a hacer que sea demasiado tarde.

Algunos predicadores que conozco nunca traen a su familia aquí al área, ni la llevan con ellos a ningún evento por varias razones, primero porque saben que lo que ellos predican, no lo viven, segundo porque son predicadores de espectáculos que no quieren a los paparazzi infiltrados en la iglesia que lo fotografíen y tercero porque se avergüenzan de su familia. Algunos de esos predicadores que vienen a exhortar de una manera muy cruel aquí al área metropolitana, sus hijos están apartados o sus esposas casi ni se congregan y quieren venir a corregir a otras familias.

Usted pastor que le gusta invitar a esos predicadores, que ni conoce bien sus familias, debiera de investigar primero, para ver si le puede dar el púlpito. Le aconsejo a los predicadores que lleven a su familia a los eventos, si es que pueden e involucren a sus hijos en la música o en la alabanza. Una de las razones por la cual Dios me ha abierto muchas puertas, es porque llevo a mi familia a muchas de las actividades y trato de que anden en orden.

También porque cuando no estoy predicando en otros eventos, estamos perseverando y trabajando en la iglesia local. Algunos envidiosos me han tratado de cerrar varias puertas, pero cuando Dios abre, nadie cierra y cuando Dios cierra nadie abre. Otro consejo que doy, es que tenemos que hacernos amigos de los pastores, ya que eso a mi me ha funcionado muchísimo y donde quiera que Dios me abre puertas, le siembro algo a los pastores y eso se llama sabiduría e inteligencia de parte de Dios.

Les aconsejo a todos los ministros, que le den a su familia el lugar que les corresponde y la disfruten al máximo, si es que están a tiempo, no vaya a hacer que sea demasiado tarde.

FLUYAMOS EN LOS DONES DEL ESPÍRITU SANTO

Los dones del Espíritu son de gran importancia para cualquier ministerio. Uno de los dones en que Dios más me ha usado es el de sanidad divina. En una oportunidad fui a ayudarle a mover algo a una amiga dominicana, y cuando llegué a su casa inmediatamente comencé a predicarle, ella me dijo que tenía su niña pequeña de tres años muy enferma por varios días, y que le gustaría que orara por ella.

Le dije que sí y me la trajo con una fiebre muy alta. Me dijo que la niña ya llevaba tres días con fiebre y le había dado diferentes medicamentos, pero que nada le había resultado. Oré por la niña e inmediatamente la fiebre desapareció, enseguida la invité a la iglesia y comenzó a congregarse. Tenía otra niña de 9 años que cuando estaba en la iglesia Dios la ministraba y comenzaba a llorar. Un día estaba ministrando y Dios tocó a esa niña y cayó al suelo, una ujier trató de levantarla y le dije que la dejara en el suelo, porque estaba teniendo una experiencia con Dios.

Como a los quince minutos ella se levantó llorando y le pregunté qué experiencia había tenido con Dios, ella me contó que cuando cayó al suelo, vino un personaje vestido de blanco y le dijo, "ven conmigo", y se la llevó al cielo y le mostró una ciudad resplandeciente y dijo que vio sus calles como el oro y el mar como el cristal.

Impresionante que lo que ella vio está escrito en Apocalipsis y ella no conocía la Biblia, porque apenas estaba comenzando a ir a la iglesia. El personaje le dijo: *"Yo soy Jesús y esta ciudad la tengo para mis hijos y ningún demonio entrará en esta ciudad".* Descendió sobre la congregación una Gloria de Dios tremenda ese día.

En otra ocasión estábamos en un culto de oración en la congregación y el teléfono lo tenía en vibrador, cuando de repente comenzó a temblar y miré un número desconocido y me levanté a contestar la llamada. Era un joven de Guatemala, que como repartíamos tratados en Langley Park Maryland, yo le había dado uno con mi número y lo había invitado a la iglesia. Ese joven me dijo que me estaba llamando porque tenía una gran emergencia y yo le pregunté, *"¿en qué te puedo ayudar?"*, él me dijo que tenía una hija en Guatemala que estaba muriendo de una pulmonía y que necesitaba un milagro de emergencia, yo le pregunté que si él tenía fe para ser sanada y me contestó que estaba descarriado, pero creía que si yo oraba, Dios la sanaría y exactamente oramos enviando la Palabra hasta Guatemala y Dios hizo el milagro.

Al día siguiente llamó y le dijeron que la niña ya había comido, y estaba jugando, yo le llamé para saber del milagro y él me dio el testimonio. Le dije que tenía que ir a la iglesia a darle gracias a Dios y me acompañó un domingo.

Ese día se reconcilió con Dios y como agradecimiento ofrendó doscientos dólares. En una campaña que estuve en Chicago, una mujer llegó con un bastón y oré por ella un día sábado y Dios la sanó. Al otro día ella llegó sin el bastón caminando bien y una hermana que no había ido ese día, le preguntó por el bastón y ella le contó que el Señor la había sanado la noche anterior.

En otra campaña que tuve en Virginia, llegó el esposo de una hermana y le hice el llamado los dos primeros días para que recibiera a Cristo como su Salvador y no quiso, pero el último día el Señor me dice que lo que el quería era ver milagros para convertirse. Había un hermano con una muleta y un cuello ortopédico que no podía caminar bien y le ordené que caminara en el nombre de Jesús, el hermano comenzó a cojear y luego se fue enderezando hasta que soltó la muleta y se quitó el cuello ortopédico.

Cuando miré al esposo de la hermana, estaba llorando y le pregunté que si quería recibir a Cristo, él contestó que sí y oré para que su nombre fuera escrito en el libro de la vida. He visto muchos milagros de liberaciones, sanidades, palabras proféticas, pero lo que más me impacta es cuando las almas se convierten a Cristo. Eso me llena de satisfacción y saber que están perseverando.

Yo tengo muchos hijos e hijas espirituales en muchos estados y países del mundo. Dios me ha usado mucho en las prisiones con los presos y en las emisoras que he estado transmitiendo. Gracias a Dios me han hecho muchas entrevistas en radio, televisión, internet, muchos eventos y toda la Gloria es para Dios.

CONCLUSIÓN

Este libro ha sido escrito para ayudar a muchas personas que tienen un llamado o ministerio de parte de Dios. Mi deseo es que usted pueda desarrollar ese potencial que tiene dentro, para que pueda bendecir a miles personas.

La Biblia dice que hay que dar de gracia lo que por gracia hemos recibido, y siempre Dios pone a algunas personas claves en nuestro camino, para que nos guíen con un rayo de luz. Este proyecto lo quise empezar tres años atrás, pero nunca tenía el tiempo, aunque si el deseo. Todo el libro lo tenía en mi cabeza, solo era empezar a escribir.

Ese llamado que Dios le ha hecho, Él le ayudará a ejercerlo, todo dependerá de usted mismo(a), para que vea su Gloria. Todos los hombres de Dios que mencioné en este libro pasaron por un proceso y luego fueron usados, pasaron por momentos muy difíciles, pero valió la pena creerle a Dios.

El tiempo de los predicadores de los años setenta y ochenta ya pasó, hoy Dios está levantando una nueva generación de predicadores, para revolucionar las naciones en los últimos tiempos.

Llegó la hora de Dios para nosotros, agarremos el reto de Dios para predicar su Palabra, pues la fe viene por oír su Palabra. Estoy seguro que esta generación será testigo de uno de los más grandes avivamientos a nivel mundial.

ORACIÓN PARARA ARREPENTIRSE

Si usted es una persona no cristiana y desea entregarle su vida a Jesús y arrepentirse de todos sus pecados, le invito a que haga esta oración: *"Señor Jesús, en este día reconozco que he sido una persona pecadora y me arrepiento de todos mis pecados; me humillo delante de ti, pidiéndote que me perdones y me laves con tu sangre presiosa. Te recibo en mi corazón, inscribe mi nombre en el libro de la vida y no lo borres jamás. Renuncio a mi vida de pecado y me declaro libre en tu nombre. Amén".*

ORACIÓN PARA RECONCILIARSE

Si usted es una persona apartada del camino de Dios y desea reconciliarse, le invito a que haga esta oración: *"Señor Jesús, en este día reconozco que he sido una persona apartada y me arrepiento de todos mis pecados; me humillo delante de ti, pidiéndote que me perdones y me laves con tu sangre preciosa. Me reconcilio contigo, acéptame como tu hijo(a), inscribe mi nombre nuevamente en el libro de la vida y no lo borres nunca más. Renuncio a mi vida de pecados y me declaro libre en tu nombre. Amén".*

Si usted ha hecho una de estas oraciones hágamelo saber, para orar por usted, llamando a mi teléfono celular o escribiendo a mi correo electrónico. Dios te bendiga y te guarde siempre. Amén.

MANUEL SILIE MINISTRIES

Manuel Silie Ministries está ubicado en Silver Spring, Maryland, USA y es un ministerio evangelistico y misionero, el cual se desplaza por muchos países predicando la Palabra de Dios y ayudando a los necesitados. Actualmente persevero en la iglesia Pentecostal Una Luz En El Desierto en Kensington, Maryland, y mi pastor se llama Carlos Rodríguez. Estoy preparado para compartir la Palabra de Dios en cualquier evento espiritual, como campañas, campamentos, retiros, aniversarios, congresos, días especiales y más. Para invitaciones puede llamarme al 301-237-7298 o escribirme a:

manuelsilie77@hotmail.com.

PUEDE ORDENAR NUESTROS MENSAJES EN DVD Y CD

1-No Permita que la burra te hable.

2-Quitad la piedra.

3-Señales de la venida de Cristo.

4-Si Jesús no me toca, lo tocó yo.

5-¿A quien prefieres, a Barrabás o a Cristo?

6-Una iglesia unida, Jamás será vencida.

7-La Sangre de Cristo nos limpia de todo pecados.

8-El Suicidio.

9-¿De la Rivera Hernández puede salir algo bueno?

10-Amigos, el padre quiere hacerte fiesta.

11-Pide lo que quieras.

12-Cuidando la Familia.

13-Dios honra los que le honran.

14-Jesús liberta los cautivos.

15-¿De Morales puede salir algo bueno?

16-Poder para ser testigos.

17-7 Requisitos de un adorador.

18- Verdaderos adoradores.

19-Dios anda buscando jóvenes fieles.

20-Saliendo del anonimato.

21-Para que baje el fuego, hay que arreglar el altar primero.

22-¿Qué señales te están siguiendo?

QUEREMOS SABER DE TI

Si este libro ha sido de bendición para tu vida, y desea compartirnos alguna experiencia, siéntase en la libertad de contactarnos para poder escucharle o orar por usted.

Para comunicarse con nosotros puede hacerlo a través de diferentes medios,

Celular en USA (301) 237-7298. o por email: manuelsilie77@hotmail.com

También puede seguirme por las redes sociales.

Este libro se terminó de producir e imprimir en los talleres de Holy Spirit Publishing, el 19 de Septiembre del 2015.
Exclusivamente para la Gloria de Dios.